国学经典有话对你说系列

# 论语

## 孔子思想标杆书

姜越 编著

中国书籍出版社

图书在版编目(CIP)数据

论语：孔子思想标杆书/姜越编著.
--北京：中国书籍出版社，2019.7
ISBN 978-7-5068-7386-4

Ⅰ.①论… Ⅱ.①姜… Ⅲ.①儒家②《论语》—通俗读物 Ⅳ.①B222.2-49

中国版本图书馆CIP数据核字（2019）第156574号

## 论语：孔子思想标杆书

姜越　编著

| 责任编辑 | 吴化强 |
| --- | --- |
| 责任印制 | 孙马飞　马　芝 |
| 封面设计 | 侯　泰 |
| 出版发行 | 中国书籍出版社 |
| 地　　址 | 北京市丰台区三路居路97号（邮编：100073） |
| 电　　话 | （010）52257143（总编室）　（010）52257140（发行部） |
| 电子邮箱 | eo@chinabp.com.cn |
| 经　　销 | 全国新华书店 |
| 印　　刷 | 北京市通州大中印刷厂 |
| 开　　本 | 710毫米×1000毫米　1/16 |
| 印　　张 | 16.5 |
| 字　　数 | 290千字 |
| 版　　次 | 2019年7月第1版　2019年7月第1次印刷 |
| 书　　号 | ISBN 978-7-5068-7386-4 |
| 定　　价 | 49.80元 |

版权所有　翻印必究

# 前　言

　　《论语》共有《学而篇第一》至《尧曰篇第二十》二十个篇章，每个篇章中又有若干篇短文。内容涉及历史、现实、国家、社会、政治、经济、哲学、人文、制度、法律等诸多方面，还涉及各个阶层人士的思想、认识、道德、行为等许多内容。这些学说构成了一整套儒家思想理论基础。儒家思想的核心内容是伦理、道德，即仁、义、孝、礼、智、信，等等。

　　儒家思想在我国历史发展上影响是很大的，曾有"半部《论语》治天下"的说法。不少王朝非常尊崇并弘扬推广。一些以修身、出仕、治国等为目标的学子、文人、志士，多将《论语》视为经典读物，刻苦学习、运用。

　　自唐宋以来，关于《论语》就有无数的阐释版本。整理《论语》的过程其实也是学习的过程，许多文人骚客在学习的过程中感触颇多，总结为"儒家经典，受益良多"。整理的原则之一是尽量远离政治，从"仁"的根本去解读；之二是"尽信书，不如无书"。《论语》是中国传统文化中最重要的经典杰作之一。它既居于儒家《十三经》之中，又位列《四书》之内，是中国文化的一个标杆高耸的载体、一种玲珑别透的智慧结晶。《论语》在历史上曾经是千家万户诵读的一部书，属于必读的启蒙教材，又为科举考试必备之书。《论语》之经典影响至大、名言警句流传至广、理念潜入人心至深，真是难以言表尽之。历史上人们对孔子与《论语》的评说，既是每抒己见，可谓琳琅满目，又是各有所识，多见反差悬殊。

　　《论语》多通过神情语态的描写，展示人物形象。孔子是《论语》描述的中心，"夫子风采，溢于格言"（《文心雕龙·征圣》）；书中不仅有

1

关于他的仪态举止的静态描写，而且有关于他的个性气质的传神刻画。此外，《论语》一书还成功地刻画了一些孔门弟子的形象，如子路的率直鲁莽，颜回的温雅贤良，子贡的聪颖善辩，曾皙的潇洒脱俗，等等，都称得上个性鲜明，能给人留下深刻印象。孔子因材施教，对于不同的对象，根据其不同的素质、优点和缺点、进德修业的具体情况，给予不同的教诲，表现了诲人不倦的可贵精神。例如，同是弟子问仁，孔子有不同的回答，答颜渊"克己复礼为仁"，答仲弓"己所不欲，勿施于人；己所欲慎施于人"，答司马牛"仁者其言也讱"。颜渊学养高深，故答以"仁"学纲领，对仲弓和司马牛则答以细目。又如，同是问"闻斯行诸？"孔子答子路："有父兄在，如之何其闻斯行之！"因为"由也兼人，故退之。"答冉有："闻斯行之。"因为"求也退，故进之。"这不仅是因材施教教育方法的问题，其中还饱含孔子对弟子的高度的责任心。

　　《论语》是一本充满智慧的经书，为我们留下了不可估量的精神财富。每个人都应重读《论语》，并把自己的所思所想写下来，以励自己。

# 目　　录

## 上篇　《论语》智慧直播

### 第一章　君子务本，为政以德

　　《论语》中各篇一般都是以第一章的前二三个字作为该篇的篇名。第一篇《学而》，内容涉及诸多方面，其中重点是"吾日三省吾身"；"节用而爱人，使民以时"；"礼之用，和为贵"等思想，其中"仁"为核心，具体内容有孔子"为政以德"的思想、如何谋求官职和从政为官的基本原则、学习与思考的关系、孔子本人学习和修养的过程、温故而知新的学习方法，以及对孝、悌等道德范畴的进一步阐述。

| | |
|---|---|
| 学而时习之 | 4 |
| 三省吾身 | 6 |
| 入则孝，出则悌 | 7 |
| 生，事之以礼；死，葬之以礼 | 9 |
| 有事，弟子服其劳；有酒食，先生馔 | 10 |
| 视其所以，观其所由 | 11 |
| 温故知新，可以为师 | 12 |
| 君子不器 | 13 |
| 先行其言而后从之 | 14 |
| 君子周而不比 | 15 |

| | |
|---|---|
| 人而无信，不知其可 | 16 |
| 殷因于夏礼，所损益可知 | 17 |
| 见义不为，无勇也 | 18 |
| 是可忍，孰不可忍 | 19 |
| 相维辟公，天子穆穆 | 20 |
| 人而不仁 | 21 |
| 礼，与其奢也 | 21 |
| 夷狄之有君 | 22 |
| 季氏旅于泰山 | 23 |
| 君子无所争 | 24 |
| 巧笑倩兮，美目盼兮 | 25 |
| 夏礼吾能言之 | 26 |
| 禘自既灌而往者 | 27 |
| 知其说者之于天下也 | 28 |
| 吾不与祭，如不祭 | 29 |
| 获罪于天，无所祷 | 30 |
| 周监于二代 | 31 |
| 子入太庙，每事问 | 32 |
| 射不主皮，为力不同科 | 33 |
| 尔爱其羊，我爱其礼 | 34 |
| 事君尽礼，人以为谄 | 35 |
| 君使臣，臣事君 | 35 |
| 乐而不淫，哀而不伤 | 36 |
| 遂事不谏，既往不咎 | 37 |
| 管仲之器小哉 | 38 |
| 始作，翕如也 | 39 |
| 君子之至于斯也 | 40 |
| 尽美矣，又尽善也 | 41 |
| 居上不宽，为礼不敬 | 42 |

## 第二章 见贤思齐，不念旧恶

本章主要内容涉及义与利的关系问题、个人的道德修养问题、孝敬父母的问题以及君子与小人的区别。这一章包括了儒家的若干重要范畴、原则和理论，对后世都产生过较大影响。内容以谈论仁德为主。在本章里，孔子和他的弟子们从各个侧面探讨仁德的特征。此外，本章还涉及"听其言而观其行"；"敏而好学，不耻下问"；"三思而后行"等思想。这些思想对后世产生过较大影响。

见贤思齐焉 ………………………………………… 46
父母在，不远游 …………………………………… 46
父母之年，不可不知也 …………………………… 47
以约失之者，鲜矣 ………………………………… 48
君子欲讷于言而敏于行 …………………………… 49
道不行，乘桴浮于海 ……………………………… 50
不知其仁也 ………………………………………… 51
子谓子贡曰 ………………………………………… 52
朽木不可雕也 ……………………………………… 53
敏而好学，不耻下问 ……………………………… 54
其行己也恭，其事上也敬 ………………………… 55
山节藻棁 …………………………………………… 56
邦有道则知，邦无道则愚 ………………………… 57
斐然成章，不知所以裁之 ………………………… 58
不念旧恶，怨是用希 ……………………………… 59
乞诸其邻而与之 …………………………………… 60
巧言令色足恭 ……………………………………… 61
愿车马，衣轻裘 …………………………………… 62
十室之邑，必有忠信 ……………………………… 63
仲弓问子桑伯子 …………………………………… 64
不迁怒，不贰过 …………………………………… 65
子华使于齐 ………………………………………… 66

| | |
|---|---|
| 原思为之宰，与之粟九百 | 67 |
| 犁牛为之骍且角 | 68 |
| 回也其心三月不违仁 | 69 |
| 仲由可使从政也与 | 70 |
| 伯牛有疾，子问之 | 71 |
| 一箪食，一瓢饮 | 72 |
| 非不说子之道 | 73 |
| 女为君子儒 | 74 |
| 子游为武城宰 | 74 |
| 孟之反不伐 | 75 |
| 不有祝鲍之佞 | 76 |
| 谁能出不由户 | 77 |
| 人之生也直 | 78 |
| 知之者不如好之者 | 79 |
| 中人以上，可以语上也 | 79 |
| 樊迟问知 | 80 |
| 知者乐水，仁者乐山 | 81 |
| 觚不觚，觚哉 | 82 |
| 君子可逝也，不可陷也 | 83 |
| 子见南子，子路不说 | 84 |
| 中庸之为德也 | 85 |
| 己欲立而立人，己欲达而达人 | 86 |

## 第三章　学而不厌，任重道远

　　本章是学者们在研究孔子和儒家思想时引述较多的篇章之一。它包括以下几个方面的主要内容："学而不厌，诲人不倦"；"饭疏食饮水，曲肱而枕之，乐亦在其中"；"发愤忘食，乐以忘忧，不知老之将至"；"三人行必有我师"；"君子坦荡荡，小人长戚戚"；"温而厉，威而不猛，恭而安"；等等。本章提出了孔子的教育思想、学习态度和孔子对仁德等重要道德范畴的进一步阐释，以及孔子的其他思想主张。

| | |
|---|---|
| 述而不作，信而好古 | 90 |
| 学而不厌，诲人不倦 | 91 |
| 用之则行，舍之则藏 | 92 |
| 富而可求也 | 93 |
| 饭疏食饮水，曲肱而枕之 | 94 |
| 加我数年，五十以学易 | 95 |
| 发愤忘食，乐以忘忧 | 96 |
| 盖有不知而作之者 | 97 |
| 童子见，门人惑 | 98 |
| 文，莫吾犹人也 | 99 |
| 诲人不倦，则可谓云尔已矣 | 100 |
| 奢则不孙，俭则固 | 101 |
| 君子坦荡荡，小人长戚戚 | 102 |
| 子温而厉，威而不猛 | 103 |
| 三以天下让，民无得而称 | 103 |
| 恭而无礼则劳 | 104 |
| 如临深渊，如履薄冰 | 105 |
| 人之将死，其言也善 | 106 |
| 有若无，实若虚 | 108 |
| 任重而道远 | 109 |
| 兴于诗 | 110 |
| 民可使由之 | 111 |
| 好勇疾贫 | 112 |
| 使骄且吝 | 113 |
| 三年学，不至于谷 | 114 |
| 不在其位，不谋其政 | 115 |
| 师挚之始 | 115 |
| 狂而不直，侗而不愿 | 116 |
| 学如不及 | 117 |
| 唯天为大，唯尧则之 | 118 |
| 舜有臣五人而天下治 | 119 |

| | |
|---|---|
| 吾无间然矣 | 120 |
| 利与命与仁 | 121 |
| 博学而无所成名 | 122 |
| 子绝四 | 123 |
| 子畏于匡 | 124 |
| 太宰问于子贡 | 125 |
| 吾不试,故艺 | 126 |
| 空空如也 | 127 |
| 凤鸟不至,河不出图 | 128 |
| 仰之弥高,钻之弥坚 | 129 |
| 久矣哉,由之行诈也 | 130 |
| 有美玉于斯 | 131 |
| 子欲居九夷 | 132 |
| 吾自卫反鲁 | 133 |
| 出则事公卿,入则事父兄 | 134 |
| 逝者如斯夫,不舍昼夜 | 135 |
| 好德如好色者 | 136 |
| 譬如为山,未成一篑 | 136 |
| 吾见其进也,未见其止也 | 137 |
| 苗而不秀者有矣夫 | 138 |
| 法语之言 | 139 |
| 主忠信,毋友不如己者 | 140 |
| 三军可夺帅也 | 141 |
| 衣敝缊袍 | 142 |
| 岁寒,然后知松柏之后凋也 | 143 |
| 知者不惑 | 143 |
| 可与共学,未可与适道 | 144 |

## 第四章　以文会友，德行政事

本章集中记载了孔子的容色言动、衣食住行，表现孔子是个一举一动都符合礼的正人君子。例如，孔子在面见国君、大夫时的态度，出入于公门和出使别国时的表现，都显示出正直、仁德的品格。本章还记载了孔子日常生活的一些侧面，为人们全面了解孔子、研究孔子，提供了生动的素材。

孔子于乡党，恂恂如也 …………………………………… 148
朝，与下大夫言 …………………………………………… 149
君召使摈，色勃如也 ……………………………………… 150
色斯举矣，翔而后集 ……………………………………… 151
先进于礼乐，野人也 ……………………………………… 152
德行政事 …………………………………………………… 153
回也非助我者也 …………………………………………… 154
南容三复白圭 ……………………………………………… 155
有颜回者好学 ……………………………………………… 156
才不才，亦各言其子也 …………………………………… 156
天丧予 ……………………………………………………… 158
回也视予犹父也 …………………………………………… 158
季路问事鬼神 ……………………………………………… 159
闵子侍侧，訚訚如也 ……………………………………… 160
鲁人为长府 ………………………………………………… 161
门人不敬子路 ……………………………………………… 162
师也过，商也不及 ………………………………………… 163
回也其庶乎，屡空 ………………………………………… 164
子张问善人之道 …………………………………………… 165
论笃是与 …………………………………………………… 166
由也兼人，故退之 ………………………………………… 167
子畏于匡，颜渊后 ………………………………………… 168
弑父与君，亦不从也 ……………………………………… 169

子路使子羔为费宰 ················································ 170
司马牛问仁 ························································ 171
司马牛问君子 ····················································· 172
死生有命，富贵在天 ············································ 173
子张问明 ··························································· 174
子贡问政 ··························································· 175
文犹质也，质犹文也 ············································ 176
哀公问于有若 ····················································· 177
子张问崇德辨惑 ·················································· 178
齐景公问政于孔子 ··············································· 179
片言可以折狱者 ·················································· 180
听讼，吾犹人也 ·················································· 181
子张问政 ··························································· 182
季康子问政 ························································ 182
如杀无道，以就有道 ············································ 183
在邦必闻，在家必闻 ············································ 184
樊迟问仁 ··························································· 185
子贡问友 ··························································· 187
以文会友，以友辅仁 ············································ 188

## 第五章　志士仁人，一言兴邦

　　本章中著名的文句有："名不正则言不顺，言不顺则事不成"；"欲速则不达"；"父为子隐，子为父隐"；"居处恭、执事敬、与人忠"；"言必信，行必果"；"君子和而不同，小人同而不和"；"君子泰而不骄，小人骄而不泰"；等等。本章包含的内容比较广泛，其中有关于如何治理国家的政治主张，孔子的教育思想，可以帮助读者更好地提高个人道德修养与完善品格。

必也正名乎 ························································ 190
不得中行而与之 ·················································· 191

人而无恒，不可以作巫医 …………………… 192
乡人皆好之 …………………………………… 193
君子易事而难说也 …………………………… 194
君子泰而不骄 ………………………………… 195
善人教民七年 ………………………………… 195
士而怀居 ……………………………………… 196
邦有道，危言危行 …………………………… 197
有德者必有言 ………………………………… 198
南宫适问于孔子 ……………………………… 198
君子而不仁者有矣夫 ………………………… 199
为命，裨谌草创之 …………………………… 200
或问子产 ……………………………………… 201
贫而无怨难 …………………………………… 202
子路问成人 …………………………………… 203
义然后取，人不厌其取 ……………………… 204
臧武仲以防求为后于鲁 ……………………… 205
晋文公谲而不正 ……………………………… 206
桓公杀公子纠 ………………………………… 207
管仲非仁者与 ………………………………… 208
子言卫灵公之无道也 ………………………… 209
陈成子弑简公 ………………………………… 210
子路问事君 …………………………………… 211
君子上达，小人下达 ………………………… 212
古之学者为己 ………………………………… 212
蘧伯玉使人于孔子 …………………………… 213
不在其位，不谋其政 ………………………… 214
君子耻其言而过其行 ………………………… 215
君子道者三，我无能焉 ……………………… 215
子贡方人 ……………………………………… 216
不患人之不己知 ……………………………… 217
不逆诈，不亿不信 …………………………… 218

非敢为佞也，疾固也 ·············· 219
骥不称其力，称其德也 ············ 220
公伯寮愬子路于季孙 ·············· 221
贤者辟世，其次辟地 ·············· 222

# 下篇　《论语》深度报道

## 第一章　坚持心中的道义

君子的本质正在于道义，遵从道义赢得别人尊重，丧失道义遭到别人轻视，因为讲道义而光荣，背信弃义而耻辱。道义本身就是用来维系和调整人与人关系的准则。做人必须讲信义、讲诚信，否则不仅得不到别人的尊重，还会受人唾骂。

人需要学习 ···················· 226
仁者乐山 ···················· 226

## 第二章　学会善待人生

善待人生，就是善待生命、关爱生命。人生最大的财富是朋友；人生最大的幸福是健康；人生最大的安慰是亲情。一个人征服世界不算伟大，能够征服自己、超越自己才是世界上最伟大的人。人性有很多的弱点和劣根性。所以要把自己当做自己，就是要勇于改错，勇于忍辱，勇于担当，勇于超越，不断克服自己身上的缺点、弱点，不断使自己的人格得到升华。

上古圣人也不过如此 ·············· 230
遇到困境也是一种幸运 ············ 230

## 第三章　圣人的处世原则

我们总是觉得圣人是高不可攀的，或者认为圣人是微不足道的。认为圣人高不可攀，是不知道圣人的行为也只是通过一件件的具体事情而体现出圣人之心，并不是说圣人是一下子就成为圣人的；认为圣人微不足道，是把道德修养很高的人与缺乏道德修养的人等同起来，当我们说"圣人也不足道"的时候，我们也就轻视了自己的道德修养而远离了成为君子、圣人之道。

学习圣人很简单 …………………………………… 234
沽名钓誉之灾 ……………………………………… 234
自以为了不起的是小人 …………………………… 235

## 第四章　上好修养这堂课

一个人只有通过自觉地遵守社会道德体系的要求，更好地履行个人的社会义务，并不断地提升个人的人生境界，才能修养成良好的内在素质。任何一个人只有具有良好的个人修养，才会被人们所尊重。当然，个人修养的内容并不是一成不变的，它随着社会的发展及人生实践活动的深入也会变得更加丰富多彩。

修饰与境界 ………………………………………… 238
圣人在乱世能做什么 ……………………………… 238
君子之论与小人之论 ……………………………… 239

## 第五章　仁义的哲学

君子应该是知道就说知道，不知道就说不知道，这是说话的要领；能够做到的事就说能做到，没有能力做到的就说没有能力做到，这是做事的要领。说话的时候能够简明扼要，是智慧的体现；做事干净利落，是仁德的体现。

君子之路 ………………………………………………… 242
仁者无敌 ………………………………………………… 244

**参考文献** ………………………………………………… 245

**后　　记** ………………………………………………… 246

上篇 《论语》智慧直播

# 第一章
## 君子务本，为政以德

　　《论语》中各篇一般都是以第一章的前二三个字作为该篇的篇名。第一篇《学而》，内容涉及诸多方面，其中重点是"吾日三省吾身"；"节用而爱人，使民以时"；"礼之用，和为贵"等思想，其中"仁"为核心，具体内容有孔子"为政以德"的思想、如何谋求官职和从政为官的基本原则、学习与思考的关系、孔子本人学习和修养的过程、温故而知新的学习方法，以及对孝、悌等道德范畴的进一步阐述。

# 学而时习之

◎ **我是主持人**

本则提出以学习为乐事，做到人不知而不愠，反映出孔子学而不厌、诲人不倦、注重修养、严格要求自己的思想。这些思想主张在《论语》书中随处可见，有助于深入了解第一章的内容。

◎ **原文**

子曰："学而时习之，不亦说乎？有朋自远方来，不亦乐乎？人不知，而不愠，不亦君子乎？"

◎ **注释**

子：中国古代对于有地位、有学问的男子的尊称，有时也泛称男子。《论语》书中"子曰"的子，都是指孔子而言。

学：孔子在这里所讲的"学"，主要是指学习西周的礼、乐、诗、书等传统文化典籍。

时习：在周秦时代，"时"字用作副词，意为"在一定的时候"或者"在适当的时候"。但朱熹在《论语集注》一书中把"时"解释为"时常"。"习"，指演习礼、乐；复习诗、书。也含有温习、实习、练习的意思。

说：同"悦"，愉快、高兴的意思。

有朋：一本作"友朋"。旧注说，"同门曰朋"，即同在一位老师门下学习的叫朋，也就是志同道合的人。

乐：与说有所区别。旧注说，悦在内心，乐则见于外。

人不知：此句不完整，没有说出人不知道什么，缺少宾语。一般而言，"知"是了解的意思。人不知，是说别人不了解自己。

愠：恼怒，怨恨。

君子：《论语》书中的君子，有时指有德者，有时指有位者。此处指孔子理想中具有高尚人格的人。

## ◎ 译文

孔子说："学过了又时常温习和练习，不是很愉快吗？有志同道合的人从远方来，不是很令人高兴的吗？人家不了解我，我也不怨恨、恼怒，不也是一个有德的君子吗？"

## ◎ 直播课堂

宋代著名学者朱熹对此章评价极高，说它是"入道之门，积德之基"。本则这三句话是人们非常熟悉的。历来的解释都是：学了以后，又时常温习和练习，不也高兴吗，等等。三句话，一句一个意思，前后句子也没有什么连贯性。但也有人认为这样解释不符合原义，指出这里的"学"不是指学习，而是指学说或主张；"时"不能解为时常，而是时代或社会的意思；"习"不是温习，而是使用，引申为采用。而且，这三句话不是孤立的，而是前后相互连贯的。这三句话的意思是：自己的学说，要是被社会采用了，那就太高兴了；退一步说，要是没有被社会所采用，可是很多朋友赞同我的学说，纷纷到我这里来讨论问题，我也感到快乐；再退一步说，即使社会不采用，人们也不理解我，我也不怨恨，这样做，不也就是君子吗？这种解释可以自圆其说，而且也有一定的道理，供读者在理解本章内容时参考。

此外，在对"人不知，而不愠"一句的解释中，也有人认为，"人不知"的后面没有宾语，人家不知道什么呢？当时因为孔子有说话的特定环境，他不需要说出知道什么，别人就可以理解了，却给后人留下一个谜。有人说，这一句是接上一句说的，从远方来的朋友向我求教，我告诉他，他还不懂，我却不怨恨。这样，"人不知"就是"人家不知道我所讲述的"了。

# 三省吾身

## ◎ 我是主持人

儒家文化十分重视个人的道德修养,以求塑造成理想人格。而本章所讲的自省,则是自我修养的基本方法。

## ◎ 原文

**曾子曰:"吾日三省吾身。为人谋而不忠乎?与朋友交而不信乎?传不习乎?"**

## ◎ 注释

曾子:姓曾,名参,字子舆,生于公元前505年,鲁国人,是被鲁国灭国的鄫国贵族后代。曾参是孔子的得意门生,以孝子出名。据说《孝经》就是他撰写的。

三省:省,检查、察看。三省有几种解释:一是三次检查;二是从三个方面检查;三是多次检查。其实,古代在有动作性的动词前加上数字,表示动作频率高,不必认定为三次。

忠:旧注曰,尽己之谓忠。此处指对人应当尽心竭力。

信:旧注曰,信者,诚也。以诚实之谓信。要求人们按照礼的规定相互守信,以调整人们之间的关系。

传不习:传,旧注曰,受之于师谓之传,即老师传授给自己的。习,与"学而时习之"的"习"字一样,指温习、实习、演习等。

## ◎ 译文

曾子说:"我每天多次反省自己,为别人办事是不是尽心竭力了呢?跟朋友交往是不是做到诚实可信了呢?老师传授给我的学业是不是复习了呢?"

◎ **直播课堂**

　　春秋时代，社会变化十分剧烈，反映在意识领域，即人们的思想信仰开始发生动摇，传统观念似乎已经在人们的头脑中出现危机。于是，曾参提出了"反省内求"的修养办法，不断检查自己的言行，使自己修改完善成完美的理想人格。《论语》书中多次谈到自省的问题，要求孔门弟子自觉地反省自己，进行自我批评，加强个人思想修养和道德修养，改正个人言行举止上的各种错误。这种自省的道德修养方式在今天仍有值得借鉴的地方，因为它特别强调进行修养的自觉性。

　　在本则中，曾子还提出了"忠"和"信"的范畴。忠的特点是一个"尽"字，办事尽力，死而后已。如后来儒家所说的那样，"尽己之谓忠"。"为人谋而不忠乎"，是泛指对一切人，并非专指君主。就是指对包括君主在内的所有人，都尽力帮助。因此，"忠"在先秦是一般的道德范畴，不只用于君臣关系。至于汉代以后逐渐将"忠"字演化为"忠君"，这既与儒家的忠有关联，又有重要的区别。"信"的含义有二，一是信任；二是信用。其内容是诚实不欺，用来处理上下等级和朋友之间的关系。"信"与言论有关，表示说真话，说话算数，是一个人立身处世的基石。

# 入则孝，出则悌

◎ **我是主持人**

　　上一则中所提到孝悌的问题，本则再次提及这个问题。孔子要求弟子们首先要致力于孝悌、谨信、爱众、亲仁，培养良好的道德观念和道德行为，如果还有闲暇时间和余力，则用以学习古代典籍，增长文化知识。

◎ **原文**

　　子曰："弟子入则孝，出则悌，谨而信，泛爱众，而亲仁。行有余力，则以学文。"

◎ 注释

弟子：一般有两种意义，一是年纪较小为人弟或为人子的人；二是指学生。这里是指第一种意义上的"弟子"。

入：古时父子分别住在不同的居处，学习则在外舍。《礼记·内则》："由命士以上，父子皆异宫"。入是入父宫，指进到父亲住处，或说在家。

出：与"入"相对而言，指外出拜师学习。出则悌，是说要用悌道对待师长或年长于自己的人。

谨：寡言少语称之为谨。

泛：广泛的意思。

仁：仁即仁人，有仁德之人。

行有余力：指有闲暇时间。

文：古代文献。主要有诗、书、礼、乐等文化知识。

◎ 译文

孔子说："弟子们在父母跟前，就要孝顺父母；出门在外，要顺从师长，言行要谨慎，要诚实可信，寡言少语，要广泛地去爱众人，亲近那些有仁德的人。这样躬行实践之后，还有精力和时间的话，再去学习文献知识。"

◎ 直播课堂

孔子的教育是以道德教育为中心，重在培养学生的德行修养，而对于书本知识的学习，则摆在第二位。

孔子办教育，把培养学生的道德观念放在第一位，而文化学习只是第二位的。事实上，历史上的任何阶级，无论奴隶主阶级、地主阶级，还是资产阶级，教育都是为其政治服务的，尤其重视学生的道德品行和政治表现，把"德"排在"识"的前面，这是阶级的需要。他们就是要培养适应本阶级要求的各方面人才。

# 生，事之以礼；死，葬之以礼

◎ 我是主持人

孔子极其重视孝，要求人们对自己的父母尽孝道，无论他们在世或去世，都应如此。

◎ 原文

**孟懿子问孝，子曰："无违。"樊迟御，子告之曰："孟孙问孝于我，我对曰：'无违。'"樊迟曰："何谓也。"子曰："生，事之以礼；死，葬之以礼，祭之以礼。"**

◎ 注释

孟懿子：鲁国的大夫，三家之一，姓仲孙，名何忌，"懿"是谥号。其父临终前要他向孔子学礼。

无违：不要违背。

樊迟：姓樊名须，字子迟。孔子的弟子，比孔子小46岁。他曾和冉求一起帮助季康子进行革新。

御：驾驭马车。

孟孙：指孟懿子。

◎ 译文

孟懿子问什么是孝，孔子说："孝就是不要违背礼。"后来樊迟给孔子驾车，孔子告诉他："孟孙问我什么是孝，我回答他说不要违背礼。"樊迟说："不要违背礼是什么意思呢？"孔子说："父母活着的时候，要按礼侍奉他们；父母去世后，要按礼埋葬他们，祭祀他们。"

◎ **直播课堂**

这里着重讲的是，尽孝时不应违背礼的规定，否则就不是真正的孝。可见，孝不是空泛的、随意的，必须受礼的规定，依礼而行就是孝。

# 有事，弟子服其劳；有酒食，先生馔

◎ **我是主持人**

孔子所提倡的孝，体现在各个方面和各个层次，反映了宗法制度的需要，适应了当时社会的发展潮流。

◎ **原文**

子夏问孝，子曰："色难。有事，弟子服其劳；有酒食，先生馔，曾是以为孝乎？"

◎ **注释**

色难：色，脸色。难，不容易的意思。
服其劳：服，从事、担负。服其劳即服侍。
先生：先生指长者或父母；前面说的弟子，指晚辈、儿女等。
馔：意为饮食、吃喝。

◎ **译文**

子夏问什么是孝，孔子说："当子女的要尽到孝，最不容易的就是对父母和颜悦色，仅仅是有了事情，儿女需要替父母去做，有了酒饭，让父母吃，难道能认为这样就可以算是孝了吗？"

◎ **直播课堂**

这里所讲的"孝"指的是不仅要从形式上按周礼的原则侍奉父母，而且要从内心深处真正地孝敬父母。

## 视其所以，观其所由

◎ **我是主持人**

本则主要讲如何了解别人的问题。孔子认为，对人应当听其言而观其行，看他的言论与行为是否相一致。还要知道他这样说、这样做的原因，以及他的人生经历，也要了解一个人言行的动机，他为人处世的一贯禀性。从他的言论、行动到他的内心，甚至他的家庭、他的受教育程度、他的际遇、他方方面面的背景资料，如果掌握了这些，即可以全面了解一个人。

◎ **原文**

子曰："视其所以，观其所由，察其所安，人焉廋哉？人焉廋哉？"

◎ **注释**

所以：所做的事情。
所由：所走过的道路。
廋：隐藏、藏匿。

◎ **译文**

孔子说："要了解一个人，应看他言行的动机，观察他所走的道路，考察他安心干什么，这样，这个人怎么能隐藏得了呢？这个人怎么能隐藏得了呢？"

◎ **直播课堂**

视其所以，就是看一个人的语言与行为表现；观其所由，由字有缘由、途径两个词义，是告诉我们，看到人表面的语言行动，且慢判断好坏，还要考察他这么说这么做的原因，还有他做事的方法是正确的、真诚的、光明正大的，还是错误、虚伪的、鸡鸣狗盗的。

察其所安，常听人以指责的语气问道："安的是什么心？"可见"安"字有"居心""动机"的含义；还有两个词语叫"安之若素""安于现状"。可见"安"字还有平常的禀性的含义。告诉我们看到一个人说一句话，做一件事，要分析一个人当下的动机与用心，还要尽量了解他的过去，了解他以往生活的方方面面，甚至他的家庭背景，然后才能对此人作出正确的评价。

当前社会中的人们，总是有意无意或多或少地掩盖、伪饰、包装着自己，真正认识和了解一个人并不是那么容易的。我们身处在这个复杂的社会，每天要和各种各样的人打交道，如何从形形色色的面孔下，发现其本性，对每个人来说，都是个大学问。如果不积极去探求他人的内心，只以他人表面上的言行而轻信他人，往往得不到好结果。

## 温故知新，可以为师

◎ 我是主持人

"温故而知新"是孔子对我国教育学的重大贡献之一。他认为，人们应该不断温习所学过的知识，从而可以获得新知识。

◎ 原文

子曰："温故而知新，可以为师矣。"

◎ 注释

故：已学过的旧知识。

新：新的理解与体会。

◎ 译文

孔子说:"在温习旧知识时,能有新体会、新发现,就可以当老师了。"

◎ 直播课堂

这一学习方法不仅在封建时代有其价值,在今天也有不可否认的适应性。人们的新知识、新学问往往都是在过去所学知识的基础上发展而来的。因此,温故而知新是一个十分可行的学习方法。

# 君子不器

◎ 我是主持人

君子是孔子心目中具有理想人格的人,非凡夫俗子,这样的人应该担负起治国安邦之重任。

◎ 原文

子曰:"君子不器。"

◎ 注释

器:器具。

◎ 译文

孔子说:"君子不像器具那样,只有某一方面的用途。"

◎ 直播课堂

君子对内可以妥善处理各种政务;对外能够应对四方,不辱君命。所以,孔子说,君子应当博学多识,具有多方面才干,不只局限于某个方面，因此，可以通观全局、掌控全局，成为合格的领导者。这种思想在今天仍有可取之处。

# 先行其言而后从之

## ◎ 我是主持人

成为一名有道德修养、博学多识的君子，是孔子弟子们孜孜以求的目标。慎言不过是成为君子的条件之一，并非仅仅做到慎言即为君子。

## ◎ 原文

子贡问君子。子曰："先行其言而后从之。"

## ◎ 译文

子贡向孔子请问君子之道。孔子说："对于你要说的话，先实行了，再说出来，这就够说是一个君子了。"

## ◎ 直播课堂

孔子认为，作为君子，不能只说不做，而应先做后说。只有先做后说，才可以取信于人。行与时机，经过义的筛选，形成了言的标准，在此标准之下所言即是慎言，即确定的才讲、做得到的才讲、时机对了才讲，这是构成仁的美德之一，也是君子应具备的一种品质。

# 君子周而不比

◎ **我是主持人**

孔子在这一则中提出君子与小人的区别点之一,就是小人结党营私,与人相勾结,不能与大多数人融洽相处;而君子则不同,他胸怀广阔,与众人和谐相处,从不与人相勾结,这种思想在今天仍不失其积极意义。

◎ **原文**

子曰:"君子周而不比,小人比而不周。"

◎ **注释**

周:合群。
比:勾结。
小人:没有道德修养的凡人。

◎ **译文**

孔子说:"君子合群而不与人勾结,小人与人勾结却不合群。"

◎ **直播课堂**

君子与小人的分别是什么呢?"周"是包罗万象,君子的为人处世,对每一个人都是一样。对张三好,对李四则不好,这就不对了,这就叫比而不周。你拿张三跟自己比较,合适一点,就对他好,不大同意李四这个人,就对他不好,就是"比"。一个大政治家是和宗教家一样,爱人是不能分彼此的,我们对于人,好的固然好,爱他;但对不好的更要爱他,因为他不好,所以必须去更爱他,使他变好。

# 人而无信，不知其可

## ◎ 我是主持人

信，是儒家传统伦理准则之一。孔子认为，信是人立身处世的基点。

## ◎ 原文

子曰："人而无信，不知其可也。大车无輗，小车无軏，其何以行之哉？"

## ◎ 注释

輗：古代大车车辕前面横木上的木销子。
軏：古代小车车辕前面横木上的木销子。

## ◎ 译文

孔子说："一个人不讲信用，不知他还可以做什么。就好像大车没有輗，小车没有軏一样，它靠什么行走呢？"

## ◎ 直播课堂

在《论语》书中，信的含义有两种：一是信任，即取得别人的信任；二是对人讲信用。在后面的《子张》《阳货》《子路》等篇中，都提到信的道德。

## 殷因于夏礼，所损益可知

◎ **我是主持人**

本则中孔子提出一个重要概念：损益。它的含义是增减、兴革。即对前代典章制度及礼仪规范等有继承、沿袭，也有改革、变通。

◎ **原文**

子张问："十世可知也？"子曰："殷因于夏礼，所损益可知也；周因于殷礼，所损益可知也。其或继周者，虽百世，可知也。"

◎ **注释**

世：古时称三十年为一世。也有的把"世"解释为朝代。

因：因袭，沿用，继承。

损益：增减、兴革，即优化、变动之义。

◎ **译文**

子张问孔子："今后十世的礼仪制度可以预先知道吗？"孔子回答说："商朝继承了夏朝的礼仪制度，所减少和所增加的内容是可以知道的；周朝又继承商朝的礼仪制度，所废除的和所增加的内容也是可以知道的。将来有继承周朝的，就算是一百世以后的情况，也是可以预先知道的。"

◎ **直播课堂**

这表明，孔子本人并不是顽固保守派，并不一定要回到周公时代，他也不反对所有的改革。当然，他的损益程度是受限制的，是以不改变周礼的基本性质为前提的。

# 见义不为，无勇也

## ◎ 我是主持人

在本则中，孔子又提出"义"和"勇"的概念，这都是儒家有关塑造高尚人格的规范。

## ◎ 原文

子曰："非其鬼而祭之，谄也。见义不为，无勇也。"

## ◎ 注释

鬼：有两种解释，一是指鬼神；二是指死去的祖先。这里泛指鬼神。

谄：谄媚、阿谀。

义：人应该做的事就是义。

## ◎ 译文

孔子说："不是你应该祭的鬼神，你却去祭它，这就是谄媚。见到应该挺身而出的事情，却袖手旁观，就是怯懦。"

## ◎ 直播课堂

《论语集解》注："义"，所宜为。符合于仁、礼要求的，就是义。"勇"，就是果敢，勇敢。孔子把"勇"作为实行"仁"的条件之一，"勇"，必须符合"仁、义、礼、智"，才算是"勇"，否则就是"乱"。

# 是可忍，孰不可忍

## ◎ 我是主持人

春秋末期，奴隶制社会处于土崩瓦解、礼崩乐坏的过程中，违犯周礼、犯上作乱的事情不断发生，这是封建制代替奴隶制过程中的必然表现。

## ◎ 原文

**孔子谓季氏，"八佾舞于庭，是可忍，孰不可忍也！"**

## ◎ 注释

季氏：鲁国正卿季孙氏，即季平子。

八佾：佾，行列的意思。古时一佾八人，八佾就是六十四人，据《周礼》规定，只有周天子才可以使用八佾，诸侯为六佾，卿大夫为四佾，士用二佾。季氏是正卿，只能用四佾。

可忍：可以忍心。一说可以容忍。

## ◎ 译文

孔子谈到季氏，说，"他用六十四人在自己的庭院中奏乐舞蹈，这样的事他都做得出来，还有什么事情不可以狠心做出来呢？"

## ◎ 直播课堂

季孙氏用八佾舞于庭院，是典型的破坏周礼的事件。对此，孔子表现出极大的愤慨，"是可忍，孰不可忍"一句，反映了孔子对此事的基本态度。

# 相维辟公，天子穆穆

## ◎ 我是主持人

本则与前则都是谈鲁国当政者违"礼"的事件。

## ◎ 原文

三家者以雍彻。子曰："'相维辟公，天子穆穆'，奚取于三家之堂？"

## ◎ 注释

三家：鲁国当政的三家，即孟孙氏、叔孙氏、季孙氏。他们都是鲁桓公的后代，又称"三桓"。

雍：《诗经·周颂》中的一篇。古代天子祭宗庙完毕撤去祭品时唱这首诗。

相维辟公，天子穆穆：《雍》诗中的两句。相，助词。维，语助词，无意义。辟公，指诸侯。穆穆，庄严肃穆。

堂：接客祭祖的地方。

## ◎ 译文

孟孙氏、叔孙氏、季孙氏三家在祭祖完毕撤去祭品时，命乐工唱《雍》这篇诗。孔子说："《雍》诗上这两句'助祭的是诸侯，天子严肃静穆地在那里主祭。'这样的意思，怎么能用在你三家的庙堂里呢？"

## ◎ 直播课堂

对于这些越礼犯上的举动，孔子表现得极为愤慨，天子有天子之礼，诸侯有诸侯之礼，各守各的礼，才可以使天下安定。因此，"礼"是孔子政治思想体系中的重要范畴。

# 人而不仁

◎ **我是主持人**

乐是表达人们思想情感的一种形式，在古代，它也是礼的一部分。

◎ **原文**

子曰："人而不仁，如礼何？人而不仁，如乐何？"

◎ **译文**

孔子说："一个人没有仁德，他怎么能实行礼呢？一个人没有仁德，他怎么能运用乐呢？"

◎ **直播课堂**

礼与乐都是外在的表现，而仁则是人们内心的道德情感和要求，所以乐必须反映人们的仁德。这里，孔子就把礼、乐与仁紧紧联系起来，认为没有仁德的人，根本谈不上什么礼、乐的问题。

# 礼，与其奢也

◎ **我是主持人**

本则记载了鲁人林放向孔子问礼的对话。他问孔子，礼的根本究竟是什么。孔子在这里似乎没有正面回答他的问题，但仔细琢磨，孔子还是明确解答了礼之根本的问题。

## ◎ 原文

**林放问礼之本。子曰:"大哉问!礼,与其奢也,宁俭;丧,与其易也,宁戚。"**

## ◎ 注释

林放:鲁国人。

易:治理。这里指有关丧葬的礼节仪式办理得很周到。

戚:心中悲哀的意思。

## ◎ 译文

林放问什么是礼的根本。孔子回答说:"你问的问题意义重大,就礼节仪式的一般情况而言,与其奢侈,不如节俭;就丧事而言,与其仪式上治办周备,不如内心真正哀伤。"

## ◎ 直播课堂

礼节仪式只是表达礼的一种形式,但根本不在形式而在内心。不能只停留在表面仪式上,更重要的是要从内心和感情上体悟礼的根本,符合礼的要求。

# 夷狄之有君

## ◎ 我是主持人

在孔子的思想里,有强烈的"夷夏观",以后又逐渐形成"夷夏之防"的传统观念。

◎ 原文

子曰："夷狄之有君，不如诸夏之亡也。"

◎ 注释

夷狄：古代中原地区的人对周边地区的贬称，谓之不开化，缺乏教养，不知书达礼。

诸夏：古代中原地区华夏族的自称。

亡：同无。古书中的"无"字多写作"亡"。

◎ 译文

孔子说："夷狄文化落后虽然有君主，还不如中原诸国没有君主呢。"

◎ 直播课堂

在他看来，"诸夏"有礼乐文明的传统，这是好的，即使"诸夏"没有君主，也比虽有君主但没有礼乐的"夷狄"要好。这种观念是大汉族主义的源头。

## 季氏旅于泰山

◎ 我是主持人

此则仍是谈论礼的问题。季康子身为卿大夫，身为法的守护者，不仅不主动维护礼法的权威性，反而肆意践踏。孔子讥讽他的素质太低。

◎ 原文

季氏旅于泰山，子谓冉有曰："女弗能救与？"对曰："不能。"子曰："呜呼！曾谓泰山不如林放乎？"

◎ 注释

　　旅：祭山仪式。只有天子和诸侯才有祭祀名山大川的资格。

　　冉有：姓冉名求，字子有，生于公元前 5 年，孔子的弟子，比孔子小 9 岁。当时是季氏的家臣，所以孔子责备他。

　　女：同汝，你。

　　救：挽求、劝阻的意思。这里指谏止。

◎ 译文

　　季孙氏去祭祀泰山。孔子对冉有说："你难道不能劝阻他吗？"冉有说："不能。"孔子说："唉！难道说泰山神还不如林放知礼吗？"

◎ 直播课堂

　　祭祀泰山是天子和诸侯的专权，季孙氏只是鲁国的大夫，他竟然也去祭祀泰山，所以孔子认为这是"僭礼"行径。

# 君子无所争

◎ 我是主持人

　　本则反映了孔子和儒家思想的一个重要特点，即强调谦逊礼让而鄙视无礼的、不公正的竞争。

◎ 原文

　　**子曰："君子无所争，必也射乎！揖让而升，下而饮，其争也君子。"**

◎ 注释

　　射：原意为射箭。此处指古代的射礼。

　　揖：拱手行礼，表示尊敬。

◎ 译文

孔子说:"君子没有什么可与别人争的事情。如果有的话,那就是射箭比赛了。比赛时,先相互作揖谦让,然后上场。射完后,又相互作揖再退下来,然后登堂喝酒。这就是君子之争。"

◎ 直播课堂

孔子在这里所说的"君子无所争",即使要争,也是彬彬有礼的争,这是可取的。但过于强调谦逊礼让,以至于把它与正当的竞争对立起来,就会抑制人们积极进取、勇于开拓的精神,成为社会发展的道德阻力。

# 巧笑倩兮,美目盼兮

◎ 我是主持人

子夏从孔子所讲的"绘事后素"中,领悟到仁先礼后的道理,受到孔子的称赞。

◎ 原文

子夏问曰:"'巧笑倩兮,美目盼兮,素以为绚兮'。何谓也?"子曰:"绘事后素。"曰:"礼后乎?"子曰:"起予者商也,始可与言诗已矣。"

◎ 注释

巧笑倩兮,美目盼兮,素以为绚兮:前两句见《诗经·卫风·硕人》篇。倩,笑得好看。兮,语助词,相当于"啊"。盼,眼睛黑白分明。绚,有文采。

绘事后素:绘,画。素,白底。

起予者商也:起,启发。予,我,孔子自指。商,子夏名商。

◎ **译文**

子夏问孔子:"'笑得真好看啊,美丽的眼睛真明亮啊,用素粉来打扮啊。'这几句话是什么意思呢?"孔子说:"这是说先有白底然后画画。"子夏又问:"那么,是不是说礼也是后起的事呢?"孔子说:"商,你真是能启发我的人,现在可以同你讨论《诗经》了。"

◎ **直播课堂**

就伦理学说,这里的礼指对行为起约束作用的外在形式——礼节仪式;素指行礼的内心情操。礼后于什么情操?孔子没有直说,但一般认为礼是后于仁的道德情操。孔子认为,外表的礼节仪式同内心的情操应是统一的,如同绘画一样,质地如果不洁白,就很难画出丰富多彩的图案。

# 夏礼吾能言之

◎ **我是主持人**

本则反映了孔子对知识的求实态度。孔子重礼,而当时礼崩乐坏。孔子想参考历代的礼法以继往开来,但是古代的礼法却已经消失无踪了。又过了两千多年,被称为礼仪之邦的中国对于礼制更无从下手,在礼的方面反而不如日本和韩国了。礼制流传在外,游子历久不归,作为炎黄子孙,我们更有责任找回迷失的历史文化。

◎ **原文**

子曰:"夏礼吾能言之,杞不足徵也;殷礼吾能言之,宋不足徵也。文献不足故也。足,则吾能徵之矣。"

◎ **注释**

杞:春秋时国名,是夏禹的后裔。在今河南杞县一带。

徵：证明。

宋：春秋时国名，是商汤的后裔，在今河南商丘一带。

文献：文，指历史典籍；献，指贤人。

## ◎ 译文

孔子说："夏朝的礼，我能说出来，但是它的后代杞国不足以证明我的话；殷朝的礼，我能说出来，但它的后代宋国不足以证明我的话。这都是由于文字资料和熟悉夏礼和殷礼的人不足的缘故。如果足够的话，我就可以得到证明了。"

## ◎ 直播课堂

这一段话表明两个问题。第一，孔子对夏商周代的礼仪制度非常熟悉，他希望人们都能恪守礼的规范，可惜当时僭礼的人实在太多了。第二，他认为对夏商周之礼的说明，要靠足够的历史典籍和贤人来证明。

# 禘自既灌而往者

## ◎ 我是主持人

在孔子看来，一个人的等级名分，不仅活着的时候不能改变，死后也不能改变。

## ◎ 原文

子曰："禘自既灌而往者，吾不欲观之矣。"

## ◎ 注释

禘：古代只有天子才可以举行的祭祀祖先的非常隆重的典礼。

灌：禘礼中第一次献酒。

吾不欲观之矣：我不愿意看了。

◎ 译文

孔子说："对于行禘礼的仪式，从第一次献酒以后，我就不愿意看了。"

◎ 直播课堂

生时是贵者、尊者，死后其亡灵也是尊者、贵者。这里，孔子对行禘礼的议论，反映出当时礼崩乐坏的状况，也表示了孔子对现状的不满。

# 知其说者之于天下也

◎ 我是主持人

孔子认为，在鲁国的禘祭中，名分颠倒，不值得一看。

◎ 原文

或问禘之说，子曰："不知也。知其说者之于天下也，其如示诸斯乎！"指其掌。

◎ 注释

禘之说："说"，理论、道理、规定。禘之说，意为关于禘祭的规定。

示诸斯："斯"指后面的"掌"字。

◎ 译文

有人问孔子关于举行禘祭的规定。孔子说："我不知道。知道这种规定的人，对治理天下的事，就会像把这东西摆在这里一样容易吧！"一面说一面指着他的手掌。

◎ 直播课堂

　　有人问他关于禘祭的规定时，他故意说不知道。但紧接着又说，谁能懂得禘祭的道理，治天下就容易了。这就是说，谁懂得禘祭的规定，谁就可以归复紊乱的"礼"了。

## 吾不与祭，如不祭

◎ 我是主持人

　　孔子并不过多提及鬼神之事，如他说："敬鬼神而远之。"

◎ 原文

　　**祭如在，祭神如神在。子曰："吾不与祭，如不祭。"**

◎ 译文

　　祭祀祖先就像祖先真在面前，祭神就像神真在面前。孔子说："我如果不亲自参加祭祀，那就和没有举行祭祀一样。"

◎ 直播课堂

　　这里孔子说祭祖先、祭鬼神，就好像祖先、鬼神真在面前一样，并非认为鬼神真的存在，而是强调参加祭祀的人，应当在内心有虔诚的情感。这样看来，孔子主张进行的祭祀活动主要是道德的而不是宗教的。

# 获罪于天，无所祷

## ◎ 我是主持人

从表面上看，孔子似乎回答了王孙贾的有关拜神的问题，实际上讲出了一个深奥的道理。

## ◎ 原文

王孙贾问曰："与其媚于奥，宁媚于灶，何谓也？"子曰："不然，获罪于天，无所祷也。"

## ◎ 注释

王孙贾：卫灵公的大臣，时任大夫。

媚：谄媚、巴结、奉承。

奥：这里指屋内位居西南角的神。

灶：这里指灶旁管烹饪做饭的神。

天：以天喻君，一说天即理。

## ◎ 译文

王孙贾问道："人家都说与其奉承奥神，不如奉承灶神。这话是什么意思？"孔子说："不是这样的。如果犯了滔天大罪，向什么神祈祷也没用。"

## ◎ 直播课堂

地方上的官员如灶神，他直接管理百姓的生产与生活，但在内廷的官员与君主往来密切，是得罪不得的。

# 周监于二代

◎ **我是主持人**

孔子对夏商周的礼仪制度等有深入研究。他认为，历史是不能割断的，后一个王朝对前一个王朝必然有承继、有沿袭。

◎ **原文**

子曰："周监于二代，郁郁乎文哉，吾从周。"

◎ **注释**

监：同鉴，借鉴的意思。
二代：这里指夏代和商代。
郁郁：文采盛貌。丰富、浓郁之意。

◎ **译文**

孔子说："周朝的礼仪制度借鉴于夏、商二代，是多么丰富多彩啊。我遵从周朝的制度。"

◎ **直播课堂**

遵从周礼，这是孔子的基本态度，但这不是绝对的。在前面的篇章里，孔子就提出对夏、商、周的礼仪制度都应有所损益。

# 子入太庙，每事问

## ◎ 我是主持人

孔子对周礼十分熟悉，但他来到祭祀周公的太庙里却每件事都要问别人，这正体现了他懂礼。

## ◎ 原文

子入太庙，每事问。或曰："孰谓鄹人之子知礼乎？入太庙，每事问。"子闻之，曰："是礼也。"

## ◎ 注释

太庙：君主的祖庙。鲁国太庙，即周公旦的庙，供鲁国祭祀周公。

鄹：春秋时鲁国地名，又写作"陬"，在今山东曲阜附近。"鄹人之子"指孔子。

## ◎ 译文

孔子到了太庙，每件事都要问。有人说："谁说此人懂得礼呀，他到了太庙里，什么事都要问别人。"孔子听到此话后说："这就是礼呀！"

## ◎ 直播课堂

有人对孔子是否真的懂礼表示怀疑。通过这一段说明，孔子并不以"礼"学专家自居，而是虚心向人请教的品格，同时也说明孔子对周礼的恭敬态度。

# 射不主皮，为力不同科

◎ **我是主持人**

"射"是周代贵族经常举行的一种礼节仪式，属于周礼的内容之一。

◎ **原文**

子曰："射不主皮，为力不同科，古之道也。"

◎ **注释**

皮：用兽皮做成的箭靶子。

科：等级。

◎ **译文**

孔子说："比赛射箭，不在于穿透靶子，因为各人的力气大小不同。自古以来就有这样的规矩。"

◎ **直播课堂**

孔子在这里所讲的射箭，只不过是一种比喻，意思是说，只要肯学习有关礼的规定，不管学到什么程度，都是值得肯定的。

# 尔爱其羊，我爱其礼

## ◎ 我是主持人

本则表明了孔子维护礼制的立场。"礼"是孔子学说中非常重要的一个观点，孔子在这一章中特别说明了"礼"的重要性。

## ◎ 原文

**子贡欲去告朔之饩羊。子曰："赐也！尔爱其羊，我爱其礼。"**

## ◎ 注释

告朔：朔，农历每月初一为朔日。告朔，古代制度，天子每年秋冬之际，把第二年的历书颁发给诸侯，告知每个月的初一日。

饩羊：祭祀用的活羊。

爱：爱惜的意思。

## ◎ 译文

子贡提出取消每月初一日告祭祖庙用的活羊。孔子说："赐，你爱惜那只羊，我却爱惜那种礼。"

## ◎ 直播课堂

按照周礼的规定，周天子每年秋冬之际，就把第二年的历书颁给诸侯，诸侯把历书放在祖庙里，并按照历书规定每月初一日来到祖庙，杀一只活羊祭庙，表示每月听政的开始。当时，鲁国君主已不亲自去"告朔"，"告朔"已经成为形式。所以，子贡提出取消"饩羊"。对此，孔子大为不满，对子贡加以指责。

# 事君尽礼，人以为谄

◎ 我是主持人

本则讲述了孔子重视君臣之礼的观念。君与臣的关系一直都受到社会各界的关注，孔子在当时特别说明了自己对君臣关系的看法。

◎ 原文

子曰："事君尽礼，人以为谄也。"

◎ 译文

孔子说："我完完全全按照周礼的规定去侍奉君主，别人却以为这是谄媚呢。"

◎ 直播课堂

孔子一生要求自己严格按照周礼的规定侍奉君主。这是他的政治伦理信念，但却受到别人的讥讽，认为他是在向君主谄媚。这表明，当时的君臣关系已经遭到破坏，已经没有多少人再重视君臣之礼了。

# 君使臣，臣事君

◎ 我是主持人

"君使臣以礼，臣事君以忠"，这是孔子君臣之礼的主要内容。只要做到这一点，君臣之间就会和谐相处。

◎ **原文**

定公问："君使臣，臣事君，如之何？"孔子对曰："**君使臣以礼，臣事君以忠。**"

◎ **注释**

定公：鲁国国君，姓姬，名宋，定是谥号。公元前556—公元前480年在位。

◎ **译文**

鲁定公问孔子："君主怎样差使臣下，臣子怎样侍奉君主呢？"孔子回答说："君主应该按照礼的要求去使唤臣子，臣子应该以忠来侍奉君主。"

◎ **直播课堂**

从本则的语言环境来看，孔子还是侧重于对君主的要求，强调君主应依礼待臣，还不似后来那样，即使君主无礼，臣下也应尽忠，以至于发展到不问是非的愚忠。

# 乐而不淫，哀而不伤

◎ **我是主持人**

孔子对《关雎》一诗的评价，体现了他的"思无邪"的艺术观。

◎ **原文**

子曰："《关雎》，乐而不淫，哀而不伤。"

◎ 注释

《关雎》是《诗经》的第一篇。此篇写一君子追求一位姑娘的情诗，思念时辗转反侧、寤寐思之的忧思，以及结婚时钟鼓乐之琴瑟友之的欢乐。

◎ 译文

孔子说："《关雎》这篇诗，快乐而不放荡，忧愁而不哀伤。"

◎ 直播课堂

《关雎》是写男女爱情，祝贺婚礼的诗，与"思无邪"本不相干，但孔子却从中认识到"乐而不淫，哀而不伤"的中庸思想，认为无论哀与乐都不可过分，有其可贵的价值。

## 遂事不谏，既往不咎

◎ 我是主持人

本则讲述了孔子对待礼节的态度。礼节一直都受到社会各界的关注，孔子在当时特别说明了自己对礼节的看法。

◎ 原文

哀公问社于宰我，宰我对曰："夏后氏以松，殷人以柏，周人以栗，曰：'使民战栗'。"子闻之，曰："成事不说，遂事不谏，既往不咎。"

◎ 注释

社：土地神，祭祀土神的庙也称社。
宰我：姓宰，名予，字子我，孔子的学生。
战栗：恐惧，发抖。

## ◎ 译文

鲁哀公问宰我，土地神的神主应该用什么树木。宰我回答："夏朝用松树，商朝用柏树，周朝用栗子树。用栗子树的意思是说：使老百姓战栗。"孔子听到后说："已经做过的事不用提了，已经完成的事不用再去劝阻了，已经过去的事也不必再追究了。"

## ◎ 直播课堂

古时立国都要建立祭土神的庙，选用宜于当地生长的树木来制作土地神的牌位。宰我回答鲁哀公说，周朝用栗木做神主是为了"使民战栗"，孔子就不高兴了，因为宰我在这里讥讽了周天子，所以说了这一段话。

# 管仲之器小哉

## ◎ 我是主持人

本则讲述了孔子与管仲关于节俭的故事。节俭一直都受到社会各界的关注，孔子在当时特别说明了自己对节俭的看法。

## ◎ 原文

子曰："管仲之器小哉！"或曰："管仲俭乎？"曰："管氏有三归，官事不摄，焉得俭？""然则管仲知礼乎？"曰："邦君树塞门，管氏亦树塞门；邦君为两君之好有反坫，管氏亦有反坫。管氏而知礼，孰不知礼？"

## ◎ 注释

管仲：姓管，名夷吾，齐国人，春秋时期的法家先驱。齐桓公的宰相，辅助齐桓公成为诸侯的霸主，公元前645年卒。

三归：相传是三处藏钱币的府库。

摄：兼任。

树塞门：树，树立。塞门，在大门口筑的一道短墙，以别内外，相当于屏风、照壁等。

反坫：古代君主招待别国国君时，放置献过酒的空杯子的土台。

◎ 译文

孔子说："管仲这个人的器量真是狭小呀！"有人说："管仲节俭吗？"孔子说："他有三处豪华的藏金府库，他家里的家臣也是一人一职而不兼任，怎么谈得上节俭呢？"那人又问："那么管仲知礼吗？"孔子回答："国君大门口设立照壁，管仲在大门口也设立照壁。国君同别国国君举行会见时在堂上有放空酒杯的设备，管仲也有这样的设备。如果说管仲知礼，那么还有谁不知礼呢？"

◎ 直播课堂

在《论语》中，孔子对管仲曾有数处评价。这里，孔子指出管仲一不节俭，二不知礼，对他的所作所为进行批评，出发点也是儒家一贯倡导的"节俭"和"礼制"。在另外的篇章里，孔子也有对管仲的肯定性评价。

# 始作，翕如也

◎ 我是主持人

这一则反映了孔子的音乐思想和音乐欣赏水平。音乐一直都受到社会各界的关注，孔子在当时特别说明了自己对音乐的看法。

◎ 原文

子语鲁大师乐，曰："乐其可知也：始作，翕如也；从之，纯如也，皦如也，绎如也，以成。"

◎ 注释

　　语：告诉，动词用法。
　　大师：大师是乐官名。
　　翕：意为合、聚、协调。
　　从：意为放纵、展开。
　　纯：美好、和谐。
　　皦：音节分明。
　　绎：连续不断。

◎ 译文

　　孔子对鲁国乐官谈论演奏音乐的道理说："奏乐的道理是可以知道的：开始演奏，各种乐器合奏，声音繁美；继续展开下去，悠扬悦耳，音节分明，连续不断，最后完成。"

◎ 直播课堂

　　孔子对学生的教育内容极为丰富和全面，乐理就是其中之一。音乐是一个修身养性的最好工具，孔子对音乐的理解极为深刻。孔子的思想对后人有着极大的影响。

# 君子之至于斯也

◎ 我是主持人

　　孔子的成就在当时影响深远，令许多文人所敬佩。他的学说在当时闻名天下，因此受到了很多人的仰慕。

◎ 原文

　　仪封人请见，曰："君子之至于斯也，吾未尝不得见也。"从者见之。

出曰："二三子何患于丧乎？天下之无道也久矣，天将以夫子为木铎。"

◎ 注释

仪封人：仪为地名，在今河南兰考县境内。封人，系镇守边疆的官。
从者见之：随行的人见了他。
丧：失去，这里指失去官职。
木铎：木舌的铜铃。古代天子发布政令时摇它以召集听众。

◎ 译文

仪地的地方长官请求见孔子，他说："凡是君子到这里来，我从没有见不到的。"孔子的随从学生引他去见了孔子。他出来后对孔子的学生们说："你们几位何必为没有官位而发愁呢？天下纷乱、社会黑暗已经很久了，上天将以孔夫子为圣人来号令天下。"

◎ 直播课堂

孔子在他所处的那个时代，已经是十分有影响力的人，尤其是在礼制方面，信服孔子的人很多，仪封人便是其中之一。他在见孔子之后，就认为上天将以孔夫子为圣人号令天下，可见对孔子是佩服至极了。

# 尽美矣，又尽善也

◎ 我是主持人

孔子在这里谈到对艺术的评价问题。他很重视艺术的形式美，更注意艺术内容的善。

◎ 原文

子谓韶："尽美矣，又尽善也"；谓武："尽美矣，未尽善也"。

◎ 注释

韶：相传是古代歌颂虞舜的一种乐舞。
美：指乐曲的音调、舞蹈的形式而言。
善：指乐舞的思想内容而言的。
武：相传是歌颂周武王的一种乐舞。

◎ 译文

孔子讲到"韶"这一乐舞时说："艺术形式美极了，内容也很好。"谈到"武"这一乐舞时说："艺术形式很美，但内容却差一些。"

◎ 直播课堂

孔子论乐谓"韶"则尽美尽善，谓"武"则尽美而未尽善。以美善合一为标准，则文学作品尚美而不主于善，固亦宜其为世所废弃了。此种极端的主张，盖均出于孔子思想之暗示，而加以推阐而已。

# 居上不宽，为礼不敬

◎ 我是主持人

孔子主张实行"德治""礼治"，这首先提出了对当政者的道德要求。

◎ 原文

子曰："居上不宽，为礼不敬，临丧不哀，吾何以观之哉？"

◎ 译文

孔子说："居于执政地位的人，不能宽厚待人，行礼的时候不严肃，参加丧礼时也不悲哀，这种情况我怎么能看得下去呢？"

◎ **直播课堂**

倘若执政者做不到"礼"所要求的那样，自身的道德修养不够，那这个国家就无法治理得好。当时社会正处于礼崩乐坏的局面，已经使孔子感到不能容忍了。

# 第二章
# 见贤思齐，不念旧恶

　　本章主要内容涉及义与利的关系问题、个人的道德修养问题、孝敬父母的问题以及君子与小人的区别。这一章包括了儒家的若干重要范畴、原则和理论，对后世都产生过较大影响。内容以谈论仁德为主。在本章里，孔子和他的弟子们从各个侧面探讨仁德的特征。此外，本章还涉及"听其言而观其行"；"敏而好学，不耻下问"；"三思而后行"等思想。这些思想对后世产生过较大影响。

## 见贤思齐焉

◎ **我是主持人**

本则谈的是个人道德修养问题。人的思想是广阔无边的，道德伦理所涉及的问题无处不在。在科技进步、经济繁荣的当今社会，社会的进步在很大程度上依赖于劳动者的素质——道德修养。

◎ **原文**

子曰："见贤思齐焉，见不贤而内自省也。"

◎ **译文**

孔子说："见到有贤德的人，就应该向他学习、看齐；见到没有德行的人，就应该自我反省自己有没有与他相类似的错误。"

◎ **直播课堂**

见贤思齐，见不贤而内自省，实际上就是取别人之长补自己之短，同时又以别人的过失为鉴，不重蹈别人的旧辙，这是一种理性的态度，在今天仍不失其精辟之见。

## 父母在，不远游

◎ **我是主持人**

本则主要是讲孝的原则。对父母尽孝是天经地义的，上到天子，下至平民老百姓都是一样的。同时，孔子和孟子都指出要孝但不一定要顺。该顺则顺，不该顺就不顺。

◎ 原文
　　子曰："父母在，不远游，游必有方。"

◎ 注释
　　游：指游学、游官、经商等外出活动。
　　方：一定的地方。

◎ 译文
　　孔子说："父母在世，则不该出远门求学、做官；如果不得已要出远门，也必须有一定的地方。"

◎ 直播课堂
　　"父母在，不远游"是先秦儒家关于"孝"的具体内容之一。历代都用这个"孝"字原则去约束、要求子女为其父母尽孝。

# 父母之年，不可不知也

◎ 我是主持人
　　本则更深入地谈论"孝"的问题。儿女应该感谢父母的抚养，父母给予了我们生命，辛勤地养育我们长大成人。如果对恩重如山的父母都不知报答，不知孝敬，就相当于丧失了为人该有的道德。

◎ 原文
　　子曰："父母之年，不可不知也。一则以喜，一则以惧。"

◎ 译文

孔子说:"父母的年纪,不可不知道并且常常记在心里。一方面为他们的长寿而高兴,一方面又为他们的衰老而恐惧。"

◎ 直播课堂

春秋末年,社会动荡不安,臣弑君、子弑父的犯上作乱之事时有发生。为了维护宗法家族制度,孔子就特别强调"孝"。所以这一则还是谈"孝",要求子女从内心深处要孝敬自己的父母。

# 以约失之者,鲜矣

◎ 我是主持人

"礼"在中国古代是社会的典章制度和道德规范。作为典章制度,它是社会政治制度的体现,是维护上层建筑以及与之相适应的人与人交往中的礼节仪式。

◎ 原文

子曰:"以约失之者,鲜矣。"

◎ 注释

约:约束。这里指"约之以礼"。
鲜:少的意思。

◎ 译文

孔子说:"用礼来约束自己,犯错误的人就少了。"

◎ 直播课堂

在封建时代,"礼"是维持社会、政治秩序,巩固等级制度,调整人与人之间的各种社会关系和权利义务的规范和准则。"礼"既是中国古代法律的渊源之一,也是古代法律的重要组成部分。本则说明了礼与约束的关系。

## 君子欲讷于言而敏于行

◎ 我是主持人

孔子多次提到,君子的品质之一是"讷于言而敏于行"。"讷于言"就是在说话方面小心谨慎,不轻易出口。

◎ 原文

子曰:"君子欲讷于言而敏于行。"

◎ 注释

讷:语言迟钝,不善讲话。这里指说话要谨慎。
敏:敏捷、快速的意思。

◎ 译文

孔子说:"君子说话要谨慎,而行动要敏捷。"

◎ 直播课堂

处世中,慎言确实是最重要的品质,能够慎言则必然能够慎行,言行谨慎,出错的机会就少。中国亦有俗语为"言多必失""祸从口出",讲的都是同样的道理。

# 道不行，乘桴浮于海

◎ **我是主持人**

孔子在当时的历史背景下，极力推行他的礼制、德政主张。

◎ **原文**

子曰："道不行，乘桴浮于海，从我者，其由与！"子路闻之喜。子曰："由也好勇过我，无所取材。"

◎ **注释**

桴：用来过河的木筏子。

从：跟随、随从。

◎ **译文**

孔子说："如果我的主张行不通，我就乘上木筏子到海外去。能跟从我的大概只有仲由吧！"子路听到这话很高兴。孔子说："仲由啊，好勇超过了我，其他就没有什么可取的才能。"

◎ **直播课堂**

孔子担心自己的主张行不通，打算适当的时候乘筏到海外去。他认为子路有胆量，可以跟随他一同前去，但同时又指出子路的不足乃在于仅有胆量而已。

# 不知其仁也

◎ 我是主持人

在这段文字中，孔子对自己的三个学生进行评价，其评价标准就是"仁"。

◎ 原文

孟武伯问子路仁乎？子曰："不知也。"又问。子曰："由也，千乘之国，可使治其赋也，不知其仁也。""求也何如？"子曰："求也，千室之邑，百乘之家，可使为之宰也，不知其仁也。""赤也何如？"子曰："赤也，束带立于朝，可使与宾客言也，不知其仁也。"

◎ 注释

赋：兵赋，向居民征收的军事费用。

千室之邑：邑是古代居民的聚居点，大致相当于后来城镇。有一千户人家的大邑。

百乘之家：指卿大夫的采地，当时大夫有车百乘，是采地中的较大者。

宰：家臣、总管。

赤：姓公西名赤，字子华，生于公元前509年，孔子的学生。

束带立于朝：指穿着礼服立于朝廷。

宾客：指一般客人和来宾。

◎ 译文

孟武伯问孔子："子路做到了仁吧？"孔子说："我不知道。"孟武伯又问。孔子说："仲由嘛，在拥有一千辆兵车的国家里，可以让他管理军事，

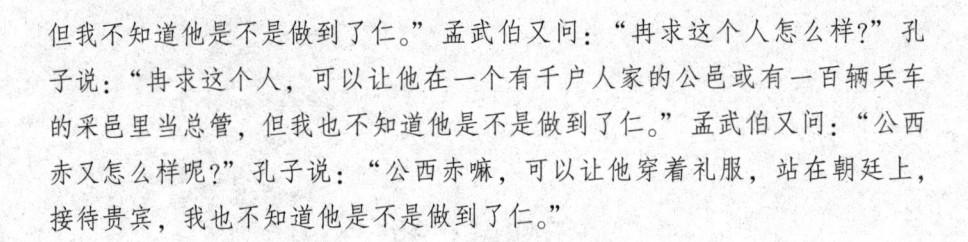

但我不知道他是不是做到了仁。"孟武伯又问："冉求这个人怎么样？"孔子说："冉求这个人，可以让他在一个有千户人家的公邑或有一百辆兵车的采邑里当总管，但我也不知道他是不是做到了仁。"孟武伯又问："公西赤又怎么样呢？"孔子说："公西赤嘛，可以让他穿着礼服，站在朝廷上，接待贵宾，我也不知道他是不是做到了仁。"

## ◎ 直播课堂

孔子说，他的学生们有的可以管理军事，有的可以管理内政，有的可以办理外交。在孔子看来，他们虽然各有自己的专长，但所有这些专长都必须服务于礼制、德治的政治需要，必须以具备仁德情操为前提。实际上，他把"仁"放在更高的地位。

# 子谓子贡曰

## ◎ 我是主持人

本则讲述了孔子对颜回的评价，同时也激励子贡，后来子贡终于悟道，不止于闻一知二。

## ◎ 原文

子谓子贡曰："女与回也孰愈？"对曰："赐也何敢望回？回也闻一以知十，赐也闻一以知二。"子曰："弗如也。吾与女弗如也。"

## ◎ 注释

愈：胜过、超过。
与：赞同、同意。

◎ 译文

孔子对子贡说:"你和颜回相比,谁更好一些呢?"子贡回答说:"我怎么敢和颜回相比呢?颜回他听到一件事就可以推知十件事;我呢,知道一件事,只能推知两件事。"孔子说:"是不如他呀,我同意你说的,是不如他。"

◎ 直播课堂

颜回是孔子最得意的学生之一。他勤于学习,善于独立思考,能做到闻一知十,推知全体,融会贯通。所以,孔子对他大加赞扬。而且,孔子希望他的其他弟子都能像颜回那样,刻苦学习,举一反三,由此及彼,在学业上尽可能地事半功倍。

# 朽木不可雕也

◎ 我是主持人

孔子在这里还提出判断一个人行为的好坏,听其言同时观其行。

◎ 原文

**宰予昼寝,子曰:"朽木不可雕也,粪土之墙不可杇也,于予与何诛!"子曰:"始吾于人也,听其言而信其行;今吾于人也,听其言而观其行。于予与改是。"**

◎ 注释

粪土:腐土、脏土。

杇:抹墙用的工具。这里指用抹子粉刷墙壁。

诛:意为责备、批评。

与:语气词。

◎ 译文

宰予白天睡觉。孔子说："腐朽的木头无法雕刻，粪土垒的墙壁无法粉刷。对于宰予这个人，责备还有什么用呢？"孔子说："起初我对于人，是听了他说的话便相信他的行为；现在我对于人，听了他讲的话还要观察他的行为。在宰予这里我改变了观察人的方法。"

◎ 直播课堂

孔子的学生宰予白天睡觉，孔子对他大加非难。这件事并不似表面所说的那么简单。结合前后有关内容可以看出，宰予对孔子学说存有异端思想，所以受到孔子斥责。

# 敏而好学，不耻下问

◎ 我是主持人

本则里，孔子在回答子贡提问时讲到"不耻下问"的问题。这是孔子治学一贯应用的方法。

◎ 原文

子贡问曰："孔文子何以谓之文也？"子曰："敏而好学，不耻下问，是以谓之文也。"

◎ 注释

孔文子：卫国大夫孔圉，"文"是谥号，"子"是尊称。
敏：敏捷、勤勉。

◎ 译文

子贡问道："为什么给孔文子一个'文'的谥号呢？"孔子说："他聪

敏勤勉而又好学，不以向他地位卑下的人请教为耻，所以给他谥号叫'文'。"

◎ 直播课堂

"敏而好学"，就是勤敏而兴趣浓厚地发愤学习。"不耻下问"，就是不仅听老师、长辈的教导，向老师、长辈求教，而且还求教于一般看来不如自己知识多的一切人，而不认为这样做可耻。孔子"不耻下问"的表现：一是就近学习自己的学生们，即边教边学，这在《论语》书中有多处记载；二是学于百姓，在他看来，群众中可以学的东西很多，这同样可从《论语》书中找到许多根据。他提倡的"不耻下问"的学习态度对后世文人学士产生了深远影响。

# 其行己也恭，其事上也敬

◎ 我是主持人

本则孔子讲的君子之道，就是为政之道。政治的学说在孔子的思想中有着极为重要的地位，我们应该好好研习。

◎ 原文

子谓子产，"有君子之道四焉：其行己也恭，其事上也敬，其养民也惠，其使民也义。"

◎ 注释

子产：姓公孙，名侨，字子产。郑国大夫，做过正卿，是郑穆公的孙子，为春秋时郑国的贤相。

◎ 译文

孔子评论子产,说:"他有君子的四种道德:他自己行为庄重,他侍奉君主恭敬,他养护百姓有恩惠,他役使百姓有法度。"

◎ 直播课堂

子产在郑简公、郑定公之时执政22年。其时,于晋国当悼公、平公、昭公、顷公、定公五世,于楚国当共王、康王、郑敖、灵王、平王五世,正是两国争强、战乱不息的时候。郑国地处要冲,而周旋于两大国之间,子产却能既不低声下气,也不妄自尊大,使国家受到他国尊敬,又维护了国家安全,的确是中国古代一位杰出的政治家和外交家。孔子对子产的评价甚高,认为治国安邦就应当具有子产的这四种道德。

## 山节藻棁

◎ 我是主持人

臧文仲在当时被人们称为"智者",但他对礼则并不在意。

◎ 原文

子曰:"臧文仲居蔡,山节藻棁,何如其知也!"

◎ 注释

臧文仲:姓臧孙,名辰,"文"是他的谥号。因不遵守周礼,被孔子指责为"不仁""不智"。

蔡:国君用以占卜的大龟。蔡这个地方产龟,所以把大龟叫作蔡。

山节藻棁:节,柱上的斗拱。棁,房梁上的短柱。把斗拱雕成山形,在棁上绘以水草花纹,这是古时装饰天子宗庙的做法。

◎ 译文

孔子说:"臧文仲藏了一只大龟,藏龟的屋子斗拱雕成山的形状,短柱上画以水草花纹,他这个人怎么能算是有智慧呢?"

◎ 直播课堂

臧文仲不顾周礼的规定,修建了藏龟的大屋子,装饰成天子宗庙的式样,这在孔子看来就是"越礼"之举了。所以,孔子指责他"不仁""不智"。

# 邦有道则知,邦无道则愚

◎ 我是主持人

这一则,可以看作孔子对"道"与"邦"的理解。

◎ 原文

子曰:"宁武子,邦有道则知,邦无道则愚,其知可及也,其愚不可及也。"

◎ 注释

宁武子:姓宁,名俞,卫国大夫,"武"是他的谥号。

愚:这里是装傻的意思。

◎ 译文

孔子说:"宁武子这个人,当国家有道时,他就显得聪明,当国家无道时,他就装傻。他的那种聪明别人可以做得到,他的那种装傻别人就做不到了。"

◎ 直播课堂

宁武子是一个处世为官有方的大夫。当形势好转，对他有利时，他就充分发挥自己的聪明智慧，为卫国的政治竭力尽忠。当形势恶化，对他不利时，他就退居幕后或处处装傻，以便等待时机。孔子对宁武子的这种做法，基本持赞许的态度。

## 斐然成章，不知所以裁之

◎ 我是主持人

本则讲述了教养的问题。教养是表现在行为方式中的道德修养状况，是社会影响、家庭教育、学校教育、个人修养的结果，尤指在家庭中从小养成的行为的道德水准。

◎ 原文

子在陈，曰："归与！归与！吾党之小子狂简，斐然成章，不知所以裁之。"

◎ 注释

陈：古国名，大约在今河南东部和安徽北部一带。

吾党之小子：古代以五百家为一党。吾党意即我的故乡。小子，指孔子在鲁国的学生。

狂简：志向远大但行为粗率简单。

斐然：有文采的样子。

裁：裁剪，节制。

◎ 译文

孔子在陈国说："回去吧！回去吧！家乡的学生有远大志向，但行为粗率简单；有文采但还不知道怎样来节制自己。"

◎ 直播课堂

　　孔子说这段话时，正当鲁国季康子执政，欲召冉求回去，协助办理政务。所以，孔子说回去吧，去为官从政，实现他们的抱负。但同时又指出他在鲁国的学生尚存在的问题：行为粗率简单，还不知道怎样节制自己，这些还有待于他的教养。

# 不念旧恶，怨是用希

◎ 我是主持人

　　这一则里，孔子主要称赞的是伯夷、叔齐的"不念旧恶"。

◎ 原文

　　子曰："伯夷叔齐不念旧恶，怨是用希。"

◎ 注释

　　伯夷、叔齐：殷朝末年孤竹君的两个儿子。父亲死后，二人互相让位，都逃到周文王那里。周武王起兵伐纣，他们认为这是以臣弑君，是不忠不孝的行为，曾加以拦阻。周灭商统一天下后，他们以吃周朝的粮食为耻，逃进深山中以野草充饥，饿死在首阳山中。

　　希：同"稀"。

◎ 译文

　　孔子说："伯夷、叔齐两个人不记人家过去的仇恨，因此，别人对他们的怨恨也就少了。"

◎ 直播课堂

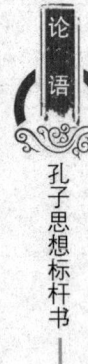

　　伯夷、叔齐认为周武王伐纣是"以暴易暴"，既反对周武王以臣反君，又反对殷纣王残暴执政，但为了维护君臣之礼，他还是阻拦武王伐纣，最后因不食周粟，而饿死在首阳山上。孔子则从伯夷、叔齐不记别人旧怨的角度，对他们加以称赞，因此别人也就不记他们的旧怨了。孔子用这样一个故事讲述了为人处世应有的态度。

# 乞诸其邻而与之

◎ 我是主持人

　　本则讲述了"直率"的问题。一个人的性格很难改变，但性格却又往往能决定命运！要想改变命运，要从培养良好的性格开始。不要刻意去改变，因为不同个性的人适合不同的岗位，也各有优点。

◎ 原文

　　子曰："孰谓微生高直？或乞醯焉，乞诸其邻而与之。"

◎ 注释

　　微生高：姓微生名高，鲁国人。时人认为他为人直率。
　　醯：即醋。

◎ 译文

　　孔子说："谁说微生高这个人直率？有人向他讨点醋，他不直说没有，却暗地到他邻居家里讨了点给人家。"

◎ 直播课堂

　　微生高从邻居家讨醋给来讨醋的人，并不直说自己没有，对此，孔子认为他并不直率。但在另外的篇章里孔子却提出"父为子隐，子为父隐"，而且加以提倡，这在他看来，就不是什么"不直"了。对于这种"不直"，孔子只能用父慈子孝来加以解释了。

## 巧言令色足恭

◎ **我是主持人**

孔子反感"巧言令色"的做法，这在《学而》篇中已经提及。

◎ **原文**

子曰："巧言令色足恭，左丘明耻之，丘亦耻之。匿怨而友其人，左丘明耻之，丘亦耻之。"

◎ **注释**

足恭：一说是两只脚做出恭敬逢迎的姿态来讨好别人；另一说是过分恭敬。这里采用后说。

左丘明：姓左丘名明，鲁国人，相传是《左传》一书的著者。

◎ **译文**

孔子说："花言巧语，装出好看的脸色，摆出逢迎的姿势，低三下四地过分恭敬，左丘明认为这种人可耻，我也认为可耻。把怨恨装在心里，表面上却装出友好的样子，左丘明认为这种人可耻，我也认为可耻。"

◎ **直播课堂**

孔子提倡为人需要正直、坦率、诚实，不要口是心非、表里不一。这符合孔子培养健康人格的基本要求。这种思想在我们今天仍有一定的意义，对那些人前一套、人后一套的人，有很强的针对性。

# 愿车马，衣轻裘

## ◎ 我是主持人

在这一则里，孔子及其弟子们自述志向，主要谈的还是个人道德修养及为人处世的态度。

## ◎ 原文

颜渊、季路侍。子曰："盍各言尔志。"子路曰："愿车马，衣轻裘，与朋友共，敝之而无憾。"颜渊曰："愿无伐善，无施劳。"子路曰："愿闻子之志。"子曰："老者安之，朋友信之，少者怀之。"

## ◎ 注释

侍：服侍，站在旁边陪着尊贵者叫侍。
盍：何不。
伐：夸耀。
施劳：施，表白。劳，功劳。
少者怀之：让少者得到关怀。

## ◎ 译文

颜渊、子路两人侍立在孔子身边。孔子说："你们何不各自说说自己的志向？"子路说："我愿意拿出自己的车马、衣服、皮袍，同我的朋友共同使用，用坏了也不抱怨。"颜渊说："我愿意不夸耀自己的长处，不表白自己的功劳。"子路向孔子说："我愿意听听您的志向。"孔子说："我的志向是让年老的人安享晚年，让朋友们信任我，让年轻的子弟们得到关怀。"

◎ 直播课堂

孔子重视培养"仁"的道德情操，从各方面严格要求自己和学生。从本则可以看出，只有孔子的志向最接近于"仁德"。

## 十室之邑，必有忠信

◎ 我是主持人

孔子是一个十分坦率直爽的人，他认为自己的忠信并不是最突出的，因为在只有十户人家的小村子里，就有像他那样讲求忠信的人。

◎ 原文

子曰："十室之邑，必有忠信如丘者焉，不如丘之好学也。"

◎ 译文

孔子说："即使只有十户人家的小村子，也一定有像我这样讲忠信的人，只是不如我那样好学罢了。"

◎ 直播课堂

他坦言自己非常好学，表明他承认自己的德行和才能都是学来的，并不是"生而知之"。这就可以从一个角度了解孔子的基本精神。

# 仲弓问子桑伯子

◎ **我是主持人**

孔子主张办事简明扼要，不烦琐，不拖拉，果断利落。

◎ **原文**

仲弓问子桑伯子。子曰："可也，简。"仲弓曰："居敬而行简，以临其民，不亦可乎？居简而行简，无乃大简乎？"子曰："雍之言然。"

◎ **注释**

子桑伯子：人名，此人生平不可考。
简：简要，不烦琐。
居敬：为人严肃认真，依礼严格要求自己。
行简：指推行政事简而不繁。
临：面临、面对。此处有"治理"的意思。
无乃：岂不是。
大：同"太"。

◎ **译文**

仲弓问孔子：子桑伯子这个人怎么样。孔子说："此人还可以，办事简要而不烦琐。"仲弓说："居心恭敬严肃而行事简要，像这样来治理百姓，不是也可以吗？但是自己马马虎虎，又以简要的方法办事，这岂不是太简单了吗？"孔子说："冉雍，这话你说得对。"

◎ **直播课堂**

如果在办事时，一味追求简要，却马马虎虎，就有些不够妥当了。所以，孔子听完仲弓的话以后，认为仲弓说得很有道理。

# 不迁怒，不贰过

◎ **我是主持人**

这一则中，孔子极力称赞他的得意门生颜回，认为他好学上进，并认为自颜回死后，再也没有如此好学的人了。

◎ **原文**

**哀公问："弟子孰为好学？"孔子对曰："有颜回者好学，不迁怒，不贰过，不幸短命死矣。今也则亡，未闻好学者也。"**

◎ **注释**

不迁怒：不把对此人的怒气发泄到他人身上。

不贰过："贰"是重复、一再的意思。这里是说不犯同样的错误。

短命死矣：颜回死时年仅31岁。

亡：同"无"。

◎ **译文**

鲁哀公问孔子："你的学生中谁是最好学的呢？"孔子回答说："有一个叫颜回的学生好学，他从不迁怒于别人，也从不重犯同样的过错。不幸短命死了。现在没有那样的人了，没有听说谁是好学的。"

◎ **直播课堂**

在孔子对颜回的评价中，他特别谈到不迁怒、不贰过这两点，也从中可以看出孔子教育学生，重在培养他们的道德情操。这其中包含有深刻的哲理。

# 子华使于齐

## ◎ 我是主持人
孔子主张"君子周急不济富",这是从儒家"仁爱"思想出发的。

## ◎ 原文
子华使于齐,冉子为其母请粟。子曰:"与之釜。"请益。曰:"与之庾。"冉子与之粟五秉。子曰:"赤之适齐也,乘肥马,衣轻裘。吾闻之也:君子周急不济富。"

## ◎ 注释
子华:姓公西,名赤,字子华。孔子的学生,比孔子小42岁。

冉子:冉有,在《论语》书中被孔子弟子称为"子"的只有四五个人,冉有即其中之一。

粟:在古文中,粟与米连用时,粟指带壳的谷粒,去壳以后叫作米;粟字单用时,就是指米了。

釜:古代量名,一釜约等于六斗四升。

庾:古代量名,一庾等于二斗四升。

周:周济、救济。

## ◎ 译文
子华出使齐国,冉求替他的母亲向孔子请求补助一些谷米。孔子说:"给他六斗四升。"冉求请求再增加一些。孔子说:"再给他二斗四升。"冉求却给他八十斛。孔子说:"公西赤到齐国去,乘坐着肥马驾的车子,穿着又暖和又轻便的皮袍。我听说过,君子只是周济急需救济的人,而不是周济富人。"

◎ **直播课堂**

孔子的"爱人"学说，并不是狭隘地爱自己的家人和朋友，而带有一定的普遍性。但他又认为，周济的只是穷人而不是富人，应当"雪中送炭"，而不是"锦上添花"。这种思想符合人道主义。

# 原思为之宰，与之粟九百

◎ **我是主持人**

以"仁爱"之心待人，这是儒家的传统。

◎ **原文**

**原思为之宰，与之粟九百，辞。子曰："毋，以与尔邻里乡党乎！"**

◎ **注释**

原思：姓原，名宪，字子思，鲁国人。孔子的学生，生于公元前515年。孔子在鲁国任司法官的时候，原思曾做过他家的总管。

宰：家宰，管家。

邻里乡党：相传古代以五家为邻，二十五家为里，一万两千五百家为乡，五百家为党。此处指原思的同乡，或家乡周围的百姓。

◎ **译文**

原思给孔子家当总管，孔子给他俸米九百，原思推辞不要。孔子说："不要推辞。如果有多的，给你的乡亲们吧。"

◎ **直播课堂**

孔子提倡周济贫困者，是极富同情心的做法。这与上一则的内容可以联系起来思考。

# 犁牛为之骍且角

◎ **我是主持人**

孔子认为,人的出身并不是最重要的,重要的在于自己应有高尚的道德和突出的才干。

◎ **原文**

子谓仲弓,曰:"犁牛为之骍且角。虽欲勿用,山川其舍诸?"

◎ **注释**

犁牛:即耕牛。古代祭祀用的牛不能以耕牛代替,系红毛长角,单独饲养的。

骍且角:祭祀用的牛,毛色为红,角长得端正。

用:用于祭祀。

山川:山川之神。此喻上层统治者。

其舍诸:其,有"怎么会"的意思。舍,舍弃。诸,"之于"二字的合音。

◎ **译文**

孔子在评论仲弓的时候说:"耕牛产下的牛犊长着红色的毛,角也长得整齐端正,人们虽想不用它做祭品,但山川之神难道会舍弃它吗?"

◎ **直播课堂**

只要具备了合适的条件,就会受到重用。对于统治者来讲,选拔重用人才,不能只看出身而抛弃贤才,反映了举贤重才的思想和反对任人唯亲的主张。

# 回也其心三月不违仁

## ◎ 我是主持人

孔子对弟子颜回的评价很高。颜回的思想是孔子非常认同的,颜回的做法非常符合孔子的思想。所以,我们应该好好研习。

## ◎ 原文

子曰:"回也其心三月不违仁,其余则日月至焉而已矣。"

## ◎ 注释

三月:指较长的时间。

日月:指较短的时间。

## ◎ 译文

孔子说:"颜回这个人,他的心可以在长时间内不离开仁德,其余的学生则只能在短时间内做到仁而已。"

## ◎ 直播课堂

颜回是孔子的得意门生,他对孔子以"仁"为核心的思想有深入的理解,而且将"仁"贯穿于自己的行动与言论当中。所以,孔子赞扬他"三月不违仁",而别的学生"则日月至焉而已。"

# 仲由可使从政也与

◎ 我是主持人

在本则里，孔子对他的三个学生都给予较高评价，认为他们已经具备了担任重要职务的能力。

◎ 原文

季康子问："仲由可使从政也与？"子曰："由也果，于从政乎何有？"曰："赐也可使从政也与？"曰："财也达，于从政乎何有？"曰："求也可使从政也与？"曰："求也艺，于从政乎何有？"

◎ 注释

季康子：他在公元前492年继其父位为鲁国正卿，此时，孔子正在各地游说。8年以后，孔子返回鲁国，冉求正在帮助季康子推行革新措施。孔子于是对他提出的三人做出了评价。

果：果断、决断。

达：通达、顺畅。

艺：有才能技艺。

◎ 译文

季康子问孔子："仲由这个人，可以让他管理国家政事吗？"孔子说："仲由做事果断，对于管理国家政事有什么困难呢？"季康子又问："端木赐这个人，可以让他管理国家政事吗？"孔子说："端木赐通达事理，对于管理政事有什么困难呢？"又问："冉求这个人，可以让他管理国家政事吗？"孔子说："冉求有才能，对于管理国家政事有什么困难呢？"

◎ 直播课堂

端木赐、仲由和冉求都是孔子的学生，他们在从事国务活动和行政事务方面，都各有其特长。孔子所培养的人才，就是要能够辅佐君主或大臣从事政治活动。

# 伯牛有疾，子问之

◎ 我是主持人

本则讲述了孔子对死亡与德行的观点，人的死亡和他的德行在本质上是没有太多联系。

◎ 原文

**伯牛有疾，子问之，自牖执其手，曰："亡之，命矣夫，斯人也而有斯疾也！斯人也而有斯疾也！"**

◎ 注释

伯牛：姓冉，名耕，字伯牛，鲁国人，孔子的学生。孔子认为他的"德行"较好。

牖：窗户。

亡夫：一作丧夫解；一作死亡解。

夫：语气词，相当于"吧"。

◎ 译文

伯牛病了，孔子前去探望他，从窗户外面握着他的手说："丧失了这个人，这是命里注定的吧！这样的好人竟会得这样的恶病啊！这样的好人竟会得这样的恶病啊！"

◎ 直播课堂

　　孔子看到伯牛生病的样子,他觉得一个道德高尚的人不应该得这样的病。这恰恰表明孔子对于道德高尚的人的敬意。

# 一箪食,一瓢饮

◎ 我是主持人

　　本则中,孔子又一次称赞颜回,对他作了高度评价。颜回高尚的品质是值得我们学习的。

◎ 原文

　　子曰:"贤哉回也,一箪食,一瓢饮,在陋巷,人不堪其忧,回也不改其乐。贤哉回也。"

◎ 注释

　　箪:古代盛饭用的竹器。
　　巷:此处指颜回的住处。
　　乐:乐于学。

◎ 译文

　　孔子说:"颜回的品质是多么高尚啊!一箪饭,一瓢水,住在简陋的小屋里,别人很难忍受这种穷困清苦,颜回却没有改变他好学的乐趣。颜回的品质是多么高尚啊!"

◎ 直播课堂

　　这里讲颜回"不改其乐",这也就是贫贱不能移的精神,这里表达了一个具有普遍意义的道理,即人总是要有一点精神的,为了自己的理想,就要不断追求，即使生活清苦困顿也自得其乐。

# 非不说子之道

◎ **我是主持人**

孔子认为，冉求并非是有没有能力的问题，而是他思想上的畏难情绪作怪，所以对他提出批评。

◎ **原文**

**冉求曰："非不说子之道，力不足也。"子曰："力不足者，中道而废。今女画。"**

◎ **注释**

说：同悦。

画：划定界限，停止前进。

◎ **译文**

冉求说："我不是不喜欢老师您所讲的道，而是我的能力2不够呀。"孔子说："能力不够是到半路才停下来，现在你是自己给自己划了界限不想前进。"

◎ **直播课堂**

从孔子与冉求师生二人的对话来看，冉求对于学习孔子所讲授的理论产生了畏难情绪，认为自己的能力不够，在学习过程中感到非常吃力。但是孔子指出不是冉求的能力有问题，而是他的思想上出现问题。

# 女为君子儒

◎ 我是主持人

在本则中,孔子提出了"君子儒"和"小人儒"的区别,要求子夏做君子儒,不要做小人儒。

◎ 原文

**子谓子夏曰:"女为君子儒,无为小人儒。"**

◎ 译文

孔子对子夏说:"你要做高尚的儒者,不要做以儒为职业的小人。"

◎ 直播课堂

"君子儒"是指地位高贵、通晓礼法,具有理想人格的人;"小人儒"则指地位低贱,不通礼仪,品格平庸的人。

# 子游为武城宰

◎ 我是主持人

孔子极为重视发现人才、任用人才。在人才方面,孔子一直有着他独特的观点,他对人才的重视程度也非同一般。

◎ 原文

子游为武城宰。子曰:"女得人焉尔乎?"曰:"有澹台灭明者,行不由径,非公事,未尝至于偃之室也。"

◎ 注释

武城:鲁国的小城邑,在今山东费县境内。

焉尔乎:此三个字都是语助词。

澹台灭明:姓澹台,名灭明,字子羽,武城人,孔子弟子。

径:小路,引申为邪路。

偃:言偃,即子游,这是他自称其名。

◎ 译文

子游做了武城的长官。孔子说:"你在那里发现了人才没有?"子游回答说:"有一个叫澹台灭明的人,从来不走邪路,没有公事从不到我屋子里来。"

◎ 直播课堂

他问子游的这段话,反映出他对举贤才的重视。当时社会处于大动荡、大变革时期,各诸侯国都重视招纳人才,尤其是能够帮助他们治国安邦的有用之才,这是出于政治和国务活动的需要。

# 孟之反不伐

◎ 我是主持人

本则讲述了孟之反不居功自傲的高尚品质。这种品质是孔子非常欣赏的一种品质,也是我们应该学习的品质。

◎ 原文

子曰："孟之反不伐，奔而殿，将入门，策其马，曰：非敢后也，马不进也。"

◎ 注释

孟之反：名侧，鲁国大夫。
伐：夸耀。
奔：败走。
殿：殿后，在全军最后作掩护。

◎ 译文

孔子说："孟之反不喜欢夸耀自己。败退的时候，他留在最后掩护全军。快进城门的时候，他鞭打着自己的马说，'不是我敢于殿后，是马跑得不快。'"

◎ 直播课堂

公元前484年，鲁国与齐国打仗。鲁国右翼军败退的时候，孟之反在最后掩护败退的鲁军。对此，孔子给予了高度评价，宣扬他提出的"功不独居，过不推诿"的学说，认为这是人的美德之一。

## 不有祝鮀之佞

◎ 我是主持人

本则讲述的是口才与美貌方面的内容。孔子认为一个人必须具备了这两点才能有大的成功。

◎ 原文

　　子曰:"不有祝鮀之佞,而有宋朝之美,难乎免于今之世矣。"

◎ 注释

　　祝鮀:字子鱼,卫国大夫,有口才,以能言善辩受到卫灵公重用。
　　而:这里是"与"的意思。
　　宋朝:宋国的公子朝,《左传》中曾记载他因美丽而惹祸的事情。

◎ 译文

　　孔子说:"如果没有祝鮀那样的口才,也没有宋朝的美貌,那在今天的社会上处世立足就比较艰难了。"

◎ 直播课堂

　　口才和美貌,这是每个人都希望拥有的,可是,现实中并不是这样的。毕竟好的口才和美貌不是每个人都可以轻易拥有的,所以我们才要去学习,不能够自卑,要努力改变自己。


## 谁能出不由户

◎ 我是主持人

　　本则讲述了孔子对于自己观点的看法与疑惑。孔子的"德治""礼制"观点在当时为人们所忽略,因此,这让孔子非常的疑惑。孔子这里所说的,其实仅是一个比喻。

◎ 原文

　　子曰:"谁能出不由户,何莫由斯道也?"

◎ 译文

孔子说:"谁能不经过屋门而走出去呢?为什么没有人遵从我所提倡的这条仁道呢?"

◎ 直播课堂

他所宣扬的"德治""礼制",在当时有许多人不予重视,他内心感到很不理解。所以,他发出了这样的疑问。

# 人之生也直

◎ 我是主持人

"直",是儒家的道德规范。直即直心肠,意思是耿直、坦率、正直、正派,同虚伪、奸诈是对立的。

◎ 原文

子曰:"人之生也直,罔之生也幸而免。"

◎ 注释

罔:诬罔不直的人。

◎ 译文

孔子说:"一个人的生存是由于正直,而不正直的人也能生存,那只是他侥幸地避免了灾祸。"

◎ 直播课堂

直人没有那么多坏心眼。直,符合仁的品德。与此相对,在社会生活中也有一些不正直的人,他们也能生存,甚至活得更好,这只是他们侥幸地避免了灾祸，并不说明他们的不正直有什么值得效法的。

## 知之者不如好之者

◎ 我是主持人

本则主要讲述兴趣的问题。孔子对于兴趣方面的看法非常值得我们学习。

◎ 原文

子曰："知之者不如好之者，好之者不如乐之者。"

◎ 译文

孔子说："懂得学习的人，不如爱好学习的人；爱好学习的人，又不如以学习为乐的人。"

◎ 直播课堂

孔子在这里没有具体指学习什么，看来是泛指，包括学问、技艺等。学习知识重要是培养学习的兴趣，有句俗话说，兴趣是最好的导师，大概说的就是这个意思。

## 中人以上，可以语上也

◎ 我是主持人

孔子向来认为，人的智力从出生就有聪明和愚笨的差别，即上智、下愚与中人。

◎ 原文

子曰："中人以上，可以语上也；中人以下，不可以语上也。"

◎ 译文

孔子说："具有中等以上资质的人，可以给他讲授高深的学问；在中等水平以下的人，不可以给他讲高深的学问。"

◎ 直播课堂

既然人有这么大的差距，那么，孔子在教学过程中，就提出"因材施教"的原则，这是他教育思想的一个重要内容，即根据学生智力水平的高低来决定教学内容和教学方式，这对我国教育学的形成和发展做出了积极贡献。

# 樊迟问知

◎ 我是主持人

本则提出了"智""仁"等重大问题。面对现实，以回答现实的社会问题、人生问题为中心，这是孔子思想的一个突出特点。

◎ 原文

樊迟问知，子曰："务民之义，敬鬼神而远之，可谓知矣。"问仁，曰："仁者先难而后获，可谓仁矣。"

◎ 注释

知：同"智"。

务：从事、致力于。

义：专用力于人道之所宜。

◎ 译文

樊迟问孔子怎样才算是智，孔子说："专心致力于提倡老百姓应该遵从的道德。尊敬鬼神但要远离它，就可以说是明智了。"樊迟又问怎样才是仁，孔子说："对难做的事，做在人前面，把个人利益放在后面，这可以说是仁了。"

◎ 直播课堂

孔子还提出了"敬鬼神而远之"的主张，否定了宗法传统的神权观念，他不迷信鬼神，自然也不主张以卜筮向鬼神问吉凶。所以，孔子是力求以实事求是的态度否定鬼神作用的。

# 知者乐水，仁者乐山

◎ 我是主持人

本则里，孔子以山水形容仁者智者，形象生动而又深刻。

◎ 原文

子曰："知者乐水，仁者乐山；知者动，仁者静；知者乐，仁者寿。"

◎ 注释

知者乐水，仁者乐山：知，同"智"；乐，喜爱的意思。

◎ 译文

孔子说："聪明人喜爱水，有仁德者喜爱山；聪明人好动，仁德者沉静。聪明人快乐，有仁德者长寿。"

◎ 直播课堂

孔子这里所说的"智者"和"仁者"不是一般人，而是那些有修养的"君子"。他希望人们都能做到"智"和"仁"，只要具备了这些品德，就能适应当时社会的要求。

# 觚不觚，觚哉

◎ 我是主持人

周礼是孔子非常得意的一个观点，他对"礼"的看法基本上都是在周礼的基础上提出的。

◎ 原文

子曰："觚不觚，觚哉！觚哉！"

◎ 注释

觚：古代盛酒的器具，上圆下方，有棱，容量约有二升。后来觚被改变了，所以孔子认为觚不像觚。

◎ 译文

孔子说："觚不像个觚了，这也算是觚吗？这也算是觚吗？"

◎ 直播课堂

孔子的思想中，周礼是根本不可更动的，从井田到刑罚，从音乐到酒具，周礼规定的一切都是尽善尽美的，甚至是神圣不可侵犯的。在这里，孔子慨叹当今事物名不副实，主张"正名"。尤其是孔子所讲，现今社会"君不君，臣不臣，父不父，子不子"的这种状况，是让人无法容忍的。

## 君子可逝也，不可陷也

◎ **我是主持人**

本则讲述了孔子对于君子的看法。对于君子来说，自古就有着不同的看法，孔子的看法是我们衡量君子的很好标尺。

◎ **原文**

宰我问曰："仁者虽告之曰，'井有仁焉'，其从之也？"子曰："何为其然也？君子可逝也，不可陷也；可欺也，不可罔也。"

◎ **注释**

仁：这里指有仁德的人。
逝：往。这里指到井边去看并设法救之。
陷：陷入。

◎ **译文**

宰我问道："对于有仁德的人，别人告诉他：'井里掉下去一位仁人'，他会跟着下去吗？"孔子说："为什么要这样做呢？君子可以到井边去救，却不可以陷入井中；君子可能被欺骗，但不可能被迷惑。"

◎ **直播课堂**

宰我所问的这个问题的确是比较尖锐的。"井有仁焉，其从之也？"对此，孔子的回答似乎不那么痛快直爽。他认为下井救人是不必要的，只要到井边寻找救人之法也就可以了。这就为君子不诚心救人找到这样一个借口，恐怕与他一贯倡导的"见义不为非君子"的观点有点距离了。

## 子见南子，子路不说

◎ **我是主持人**

孔子在这里又提到了"天"这个概念，但是不能简单地说，孔子的观念上还有宗教意识，这只是他为了说服子路而发的誓。

◎ **原文**

**子见南子，子路不说。夫子矢之曰："予所否者，天厌之！天厌之！"**

◎ **注释**

南子：卫国灵公的夫人，当时实际上左右着卫国政权，有淫乱的行为。

说：同"悦"。

矢：同"誓"，此处讲发誓。

否：不对，不是，指做了不正当的事。

◎ **译文**

孔子去见南子，子路不高兴。孔子发誓说："如果我做什么不正当的事，就让上天谴责我吧！让上天谴责我吧！"

◎ **直播课堂**

本则对孔子去见南子做什么，没有讲明。据后代儒家讲，孔子见南子是"欲行霸道"。所以，孔子在这里发誓赌咒，说如果做了什么不正当的事的话，就让上天去谴责他。

# 中庸之为德也

## ◎ 我是主持人

中庸是孔子和儒家的重要思想，尤其作为一种道德观念，这是孔子和儒家尤为提倡的。

## ◎ 原文

子曰："中庸之为德也，其至矣乎！民鲜久矣。"

## ◎ 注释

中庸：中，谓之无过无不及。庸，平常。

## ◎ 译文

孔子说："中庸作为一种道德，该是最高的了吧！人们缺少这种道德已经为时很久了。"

## ◎ 直播课堂

《论语》中提及"中庸"一词，仅此一条。中庸属于道德行为的评价问题，也是一种德行，而且是最高的德行。宋儒说，不偏不倚谓之中，平常谓庸。中庸就是不偏不倚的平常的道理。中庸又被理解为中道，中道就是不偏于对立双方的任何一方，使双方保持均衡状态。中庸又称为"中行"，中行是说，人的气质、作风、德行都不偏于一个方面，对立的双方互相牵制，互相补充。中庸是一种折中调和的思想。调和与均衡是事物发展过程中的一种状态，这种状态是相对的、暂时的。孔子揭示了事物发展过程的这一状态，并概括为"中庸"，这在古代认识史上是有贡献的。但在任何情况下都讲中庸，讲调和，就否定了对立面的斗争与转化，这是应当明确指出的。

# 己欲立而立人，己欲达而达人

## ◎ 我是主持人

"己欲立而立人，己欲达而达人"是实行"仁"的重要原则。"推己及人"就做到了"仁"。

## ◎ 原文

子贡曰："如有博施于民而能济众，何如？可谓仁乎？"子曰："何事于仁？必也圣乎！尧舜其犹病诸。夫仁者，己欲立而立人，己欲达而达人。能近取譬，可谓仁之方也已。"

## ◎ 注释

众：指众人。

尧舜：传说中上古时代的两位帝王，也是孔子心目中的榜样。儒家认为是"圣人"。

病诸：病，担忧。诸，"之于"的合音。

夫：句首发语词。

能近取譬：能够就自身打比方。即推己及人的意思。

## ◎ 译文

子贡说："假若有一个人，他能给老百姓很多好处又能周济大众，怎么样？可以算是仁人了吗？"孔子说："岂止是仁人，简直是圣人了！就连尧、舜尚且难以做到呢。至于仁人，就是要想自己站得住，也要帮助人家一同站得住；要想自己过得好，也要帮助人家一同过得好。凡事能就近以自己作比，而推己及人，可以说就是实行仁的方法了。"

◎ 直播课堂

在后面的章节里，孔子还说"己所不欲，勿施于人"等，这些都说明了孔子关于"仁"的基本主张。对此，我们到后面还会提到。总之，这是孔子思想的一个重要方面，是社会基本伦理准则，在今天同样具有重要价值。

# 第三章
# 学而不厌，任重道远

本章是学者们在研究孔子和儒家思想时引述较多的篇章之一。它包括以下几个方面的主要内容："学而不厌，诲人不倦"；"饭疏食饮水，曲肱而枕之，乐亦在其中"；"发愤忘食，乐以忘忧，不知老之将至"；"三人行必有我师"；"君子坦荡荡，小人长戚戚"；"温而厉，威而不猛，恭而安"；等等。本章提出了孔子的教育思想、学习态度和孔子对仁德等重要道德范畴的进一步阐释，以及孔子的其他思想主张。

# 述而不作，信而好古

◎ 我是主持人

在这一则里，孔子提出了"述而不作"的原则，这反映了孔子思想上保守的一面。

◎ 原文

子曰："述而不作，信而好古，窃比于我老彭。"

◎ 注释

述而不作：述，传述。作，创造。

窃：私，私自，私下。

老彭：人名，究竟指谁，学术界说法不一。有的说是殷商时代一位"好述古事"的"贤大夫"；有的说是老子和彭祖两个人；有的说是殷商时代的彭祖。

◎ 译文

孔子说："只传承古代优秀文化而不创作，相信而且喜好古代的东西，我私下把自己比做老彭。"

◎ 直播课堂

完全遵从"述而不作"的原则，那么对古代的东西只能陈陈相因，就不再会有思想的创新和发展。这种思想在汉代以后开始形成古文经学派，"述而不作"的治学方式，对于中国人的思想产生了一定程度的局限作用。

# 学而不厌，诲人不倦

◎ **我是主持人**

这一则紧接前一则的内容，继续谈论治学的方法问题。

◎ **原文**

子曰："默而识之，学而不厌，诲人不倦，何有于我哉？"

◎ **注释**

识：记住。

诲：教诲。

◎ **译文**

孔子说："默默地记住所学的知识，学习不觉得厌烦，教导他人不知道疲倦，这对我来说，有哪一点是我所具备的呢？"

◎ **直播课堂**

前面说孔子"述而不作，信而好古"，此章则说他"学而不厌，诲人不倦"，反映了孔子教育方法的一个侧面。这对中国教育思想的形成与发展产生了很大的影响，以至于在今天，我们仍在宣传他的这一教育学说。

# 用之则行，舍之则藏

◎ **我是主持人**

孔子在本则提出不与"暴虎冯河，死而无悔"的人在一起去统帅军队。因为在他看来，这种人虽然视死如归，但有勇无谋，是不能成就大事的。

◎ **原文**

子谓颜渊曰："用之则行，舍之则藏，惟我与尔有是夫！"子路曰："子行三军，则谁与？"子曰："暴虎冯河，死而无悔者，吾不与也。必也临事而惧，好谋而成者也。"

◎ **注释**

舍之则藏：舍，舍弃，不用。藏，隐藏。
夫：语气词，相当于"吧"。
三军：是当时大国所有的军队，每军约一万二千五百人。
与：在一起的意思。
暴虎：空拳赤手与老虎进行搏斗。
冯河：无船而徒步过河。
临事而惧：惧是谨慎、警惕的意思。遇到事情便格外小心谨慎。

◎ **译文**

孔子对颜渊说："用我呢，我就去干；不用我，我就隐藏起来，只有我和你才能做到这样吧！"子路问孔子说："老师您如果统帅三军，那么您和谁在一起共事呢？"孔子说："赤手空拳和老虎搏斗，徒步涉水过河，死了都不会后悔的人，我是不会和他在一起共事的。我要找的，一定要是遇事小心谨慎，善于谋划而能完成任务的人。"

◎ 直播课堂

"勇"是孔子道德范畴中的一个标准，但勇不是蛮干。孔子认为"临事而惧，好谋而成"的人，这种人智勇兼有，符合"勇"的规定。

# 富而可求也

◎ 我是主持人

孔子在这里又提到富贵与道的关系问题。只要合乎于道，富贵就可以追求；不合乎于道，富贵就不能追求。

◎ 原文

子曰："富而可求也，虽执鞭之士，吾亦为之。如不可求，从吾所好。"

◎ 注释

富：指升官发财。

求：指合于道，可以去求。

执鞭之士：古代为天子、诸侯和官员出入时手执皮鞭开路的人。意思指地位低下的职事。

◎ 译文

孔子说："如果富贵合乎于道就可以去追求，即使是给人执鞭的下等差事，我也愿意去做。如果富贵不合于道就不必去追求，那就还是按我的爱好去干事。"

◎ 直播课堂

　　只要合乎于道，富贵就可以去追求；不合乎于道，富贵就不能去追求。那么，他就去做自己喜欢做的事情。从此处可以看到，孔子不反对做官，不反对发财，但必须符合于道，这是原则问题，孔子表明自己不会违背原则去追求富贵荣华。

## 饭疏食饮水，曲肱而枕之

◎ 我是主持人

　　孔子极力提倡"安贫乐道"，认为有理想、有志向的君子，不会总是为自己的吃穿住而奔波的。"饭疏食饮水，曲肱而枕之"，对于有理想的人来讲，可以说是乐在其中。

◎ 原文

　　子曰："饭疏食饮水，曲肱而枕之，乐亦在其中矣。不义而富且贵，于我如浮云。"

◎ 注释

　　饭疏食，饭，这里是"吃"的意思，作动词。疏食即粗粮。
　　曲肱：肱，胳膊，由肩至肘的部位。曲肱，即弯着胳膊。

◎ 译文

　　孔子说："吃粗粮，喝白水，弯着胳膊当枕头，乐趣也就在这中间了。用不正当的手段得来的富贵，对于我来讲就像是天上的浮云一样。"

◎ 直播课堂

　　孔子提出，不符合于道的富贵荣华，他是坚决不予接受的，对待这些东西，如天上的浮云一般。这种思想深深影响了古代的知识分子，也为一般老百姓所接受。

## 加我数年，五十以学易

◎ **我是主持人**

孔子自己说，"五十而知天命"，可见他把学《易》和"知天命"联系在一起。他主张认真研究《易》，是为了使自己的言行符合于"天命"。

◎ **原文**

子曰："加我数年，五十以学易，可以无大过矣。"

◎ **注释**

加：这里通"假"字，给予的意思。

易：指《周易》，古代占卜用的一部书。

◎ **译文**

孔子说："再给我几年时间，到五十岁学习《易》，我便可以没有大的过错了。"

◎ **直播课堂**

《史记·孔子世家》中说，孔子"读《易》，韦编三绝"。他非常喜欢读《周易》，曾把穿竹简的皮条翻断了很多次。这体现孔子活到老、学到老的刻苦钻研精神，值得后人学习。

# 发愤忘食，乐以忘忧

## ◎ 我是主持人
这一则里孔子自述其心态，"发愤忘食，乐以忘忧"，连自己老了都觉察不出来。

## ◎ 原文
叶公问孔子于子路，子路不对。子曰："女奚不曰，其为人也，发愤忘食，乐以忘忧，不知老之将至云尔。"

## ◎ 注释
叶公：叶公姓沈，名诸梁，楚国的大夫，封地在叶城，今河南叶县南，所以叫叶公。

云尔：云，代词，如此的意思。尔同耳，而已，罢了。

## ◎ 译文
叶公问子路孔子是个什么样的人，子路不答。孔子对子路说："你为什么不这样说，他这个人，发愤用功，连吃饭都忘了，快乐得把一切忧虑都忘了，连自己快要老了都不知道，如此而已。"

## ◎ 直播课堂
孔子从读书学习和各种活动中体味到无穷乐趣，是典型的现实主义和乐观主义者，他不为身旁的小事而烦恼，表现出积极向上的精神面貌。

# 盖有不知而作之者

## ◎ 我是主持人
本则表明了孔子在学习方面的一个态度。孔子希望自己的学生能够多听，多看，注意观察，勤奋学习。

## ◎ 原文
子曰："盖有不知而作之者，我无是也。多闻，择其善者而从之，多见而识之，知之次也。"

## ◎ 译文
孔子说："有这样一种人，可能他什么都不懂却在那里凭空创造，我却没有这样做过。多听，选择其中好的来学习；多看，然后记在心里，这是次一等的智慧。"

## ◎ 直播课堂
本则里，孔子提出对自己所不知的东西，应该多闻、多见，努力学习，反对那种本来什么都不懂，却在那里凭空创造的做法。这是他对自己的要求，同时也要求他的学生这样去做。

## 童子见，门人惑

◎ **我是主持人**

孔子时常向各地的人们宣传他的思想主张。但在互乡这个地方，就有些行不通了。

◎ **原文**

**互乡难与言，童子见，门人惑。**子曰："与其进也，不与其退也，唯何甚？人洁己以进，与其洁也，不保其往也。"

◎ **注释**

互乡：地名，具体所在已无可考。
与：赞许。
进、退：一说进步、退步；一说进见请教，退出以后的作为。
洁己：洁身自好，努力修养，成为有德之人。
不保其往：保，一说担保，一说保守。往，一说过去，一说将来。

◎ **译文**

孔子认为有个地方风气不正，那里的人不讲道理，但互乡的一个童子却受到了孔子的接见，学生们都感到迷惑不解。孔子说："我是肯定他的进步，不等于认可他过去的错误，何必揪着别人的过错不放呢？人家改正了错误以求进步，我们肯定他改正错误，不要死抓住他的过去不放。"

◎ **直播课堂**

孔子说："与其进也，不与其退也""人洁己以进，与其洁也，不保其往也"，这从一个侧面体现出孔子"诲人不倦"的态度，而且他认为不应死抓着过去的错误不放。

# 文，莫吾犹人也

◎ **我是主持人**

孔子说自己在身体力行方面，还没有取得君子的成就，希望自己和学生们尽可能地从这个方面再作努力。

◎ **原文**

子曰："文，莫吾犹人也。躬行君子，则吾未之有得。"

◎ **注释**

莫：大概、差不多。

◎ **译文**

孔子说："就书本知识来说，大约我和别人差不多。做一个身体力行的君子，那我还没有做到。"

◎ **直播课堂**

对于"文，莫吾犹人也"一句，在学术界还有不同解释。有的说此句意为："讲到书本知识我不如别人"；有的说此句应为："勤勉我是能和别人相比的。"我们这里采用了"大约我和别人差不多"这样的解释。孔子从事教育，既要给学生传授书本知识，也要注重培养学生的实际能力。

## 诲人不倦，则可谓云尔已矣

◎ **我是主持人**

在前面的篇章里，孔子已经谈到"学而不厌，诲人不倦"，本则又说到"为之不厌，诲人不倦"的问题，其实是一致。

◎ **原文**

子曰："若圣与仁，则吾岂敢？抑为之不厌，诲人不倦，则可谓云尔已矣。"公西华曰："正唯弟子不能学也。"

◎ **注释**

抑：转折的语气词，"只不过是"的意思。
云尔：这样说。

◎ **译文**

孔子说："如果说到圣与仁，那我怎么敢当！不过向圣与仁的方向努力而不觉厌烦地做，教诲别人也从不感觉疲倦，仅仅做到如此罢了。"公西华说："这正是我们学不到的。"

◎ **直播课堂**

孔子感到，说起圣与仁，他自己还不敢当，但朝这个方向努力，他会不厌其烦地去做，而同时，他也不感疲倦地教诲别人。这是他的由衷之言。仁与不仁，其基础在于好学不好学，而学又不能只停留在口头上，重在行动。所以，学而不厌，为之不厌，是相互关联、基本一致的。

# 奢则不孙，俭则固

## ◎ 我是主持人
孔子认为，尽管节俭就会让人感到寒酸，但与其越礼，则宁可寒酸，以维护"礼"的尊严。

## ◎ 原文
子曰："奢则不孙，俭则固。与其不孙也，宁固。"

## ◎ 注释
孙：同逊，恭顺。不孙，即为不顺，这里的意思是"越礼"。
固：简陋、鄙陋。这里是寒酸的意思。

## ◎ 译文
孔子说："奢侈了就会越礼，节俭了就会寒酸。与其越礼，宁可寒酸。"

## ◎ 直播课堂
春秋时代各诸侯、大夫等生活都极为奢侈豪华，他们的生活享乐标准和礼仪规模都与周天子没有区别，这在孔子看来，都是越礼、违礼的行为。

## 君子坦荡荡，小人长戚戚

◎ **我是主持人**

"君子坦荡荡，小人长戚戚"是自古以来人们所熟知的一句名言。许多人常常将此写成条幅，悬于室中，以激励自己。

◎ **原文**

子曰："君子坦荡荡，小人长戚戚。"

◎ **注释**

坦荡荡：心胸宽广、开阔、容忍。
长戚戚：经常忧愁、烦恼的样子。

◎ **译文**

孔子说："君子光明磊落、心胸宽广，小人则斤斤计较，经常忧愁。"

◎ **直播课堂**

孔子认为，作为君子，应当有宽广的胸怀，可以容忍别人，容纳各种事件，不计较个人利害得失。心胸狭窄，与人为难、与己为难，时常忧愁，局促不安，就不可能成为君子。

## 子温而厉，威而不猛

◎ 我是主持人

这是孔子的学生对孔子的赞扬。孔子认为人有各种欲望与情感，这是顺应自然。人所有的情感与欲求，都必须合乎"中和"的原则。

◎ 原文

**子温而厉，威而不猛，恭而安。**

◎ 译文

孔子温和而又严厉，威严而不凶猛，庄重而又安详。

◎ 直播课堂

孔子认为"厉""猛"，等，都有些"过"，而"不及"同样是不可取的。孔子的这些情感与实际表现，可以说正是符合中庸原则的。

## 三以天下让，民无得而称

◎ 我是主持人

只有天下让与贤者、圣者，才有可能得到治理，而让位者则显示出高尚的品格，老百姓对他们是称赞无比的。

◎ 原文

　　子曰："泰伯，其可谓至德也已矣。三以天下让，民无得而称焉。"

◎ 注释

　　泰伯：周代始祖古公亶父的长子。
　　三：多次的意思。
　　民无得而称焉：百姓找不到合适的词句来赞扬他。

◎ 译文

　　孔子说："泰伯可以说是品德最高尚的人了，几次把王位让给季历，老百姓都找不到合适的词句来称赞他。"

◎ 直播课堂

　　传说古公亶父知道三子季历的儿子姬昌有圣德，想传位给季历，泰伯知道后便与二弟仲雍一起避居到吴。古公亶父死，泰伯不回来奔丧，后来又断发文身，表示终身不返，把君位让给了季历，季历传给姬昌，即周文王。武王时，灭了殷商，统一了天下。这一历史事件在孔子看来，是值得津津乐道的，三让天下的泰伯是道德最高尚的人。

## 恭而无礼则劳

◎ 我是主持人

　　本则讲述了孔子对于修身养性的观点。修身养性历来是孔子学说中较为重要的一种思想，我们从本文中可以学到修身养性的知识。

◎ 原文

　　子曰："恭而无礼则劳，慎而无礼则葸，勇而无礼则乱，直而无礼则绞。君子笃于亲，则民兴于仁，故旧不遗，则民不偷。"

◎ 注释

　　劳：辛劳，劳苦。
　　葸：拘谨，畏惧的样子。
　　绞：说话尖刻，出口伤人。
　　笃：厚待、真诚。
　　故旧：故交，老朋友。
　　偷：淡薄。

◎ 译文

　　孔子说："只是恭敬而不以礼来指导，就会徒劳无功；只是谨慎而不以礼来指导，就会畏缩拘谨；只是勇猛而不以礼来指导，就会违法作乱；直率而不以礼来指导，就会说话尖刻。在上位的人如果厚待自己的亲属，老百姓当中就会兴起仁的风气；君子如果不遗弃老朋友，老百姓就不会对人冷漠无情了。"

◎ 直播课堂

　　孔子认为，"恭""慎""勇""直"等不是孤立存在的，必须以"礼"作指导，只有在"礼"的指导下，这些美德的实施才能符合中庸的准则，否则就会出现"劳""葸""乱""绞"，就不可能达到修身养性的目的。

## 如临深渊，如履薄冰

◎ 我是主持人

　　曾子借用《诗经》里的三句话，来说明自己一生谨慎小心，避免损伤身体，能够对父母尽孝。

◎ 原文

曾子有疾，召门弟子曰："启予足！启予手！诗云：'战战兢兢，如临深渊，如履薄冰。'而今而后，吾知免夫，小子！"

◎ 注释

启：开启，曾子让学生掀开被子看自己的手脚。
诗云：以下三句引自《诗经·小雅·小旻》篇。
免：指身体免于损伤。
小子：对弟子的称呼。

◎ 译文

曾子有病，把他的学生召集到身边来，说道："看看我的脚！看看我的手！看看有没有损伤！《诗经》上说：'小心谨慎呀，如同站在深渊旁边，如同踩在薄冰上面。'从今以后，我知道我的身体是不再会受到损伤了，弟子们！"

◎ 直播课堂

据《孝经》记载，孔子曾对曾参说过："身体发肤，受之父母，不敢毁伤，孝之始也。"就是说，一个孝子，应当极其爱护父母给予自己的身体，包括头发和皮肤都不能有所损伤，这就是孝的开始。曾子在临死前要他的学生们看看自己的手脚，以表白自己的身体完整无损，是一生遵守孝道的。可见，孝在儒家的道德规范当中是多么重要。

## 人之将死，其言也善

◎ 我是主持人

曾子与孟敬子在政治立场上是对立的。他们的思想对于个人的道德修养与和谐的人际关系有重要的借鉴价值。

◎ 原文

曾子有疾，孟敬子问之。曾子言曰："鸟之将死，其鸣也哀；人之将死，其言也善。君子所贵乎道者三：动容貌，斯远暴慢矣；正颜色，斯近信矣；出辞气，斯远鄙倍矣。笾豆之事，则有司存。"

◎ 注释

孟敬子：即鲁国大夫孟孙捷。

问：探望、探视。

动容貌：使自己的内心感情表现于面容。

暴慢：粗暴、放肆。

正颜色：使自己的脸色庄重严肃。

出辞气：出言，说话。指注意说话的言辞和口气。

鄙倍：鄙，粗野。倍同"背"，背理。

笾豆之事：笾和豆都是古代祭祀和典礼中的用具。

有司：指主管某一方面事务的官吏，这里指主管祭祀、礼仪事务的官吏。

◎ 译文

曾子有病，孟敬子去看望他。曾子对他说："鸟快死了，它的叫声是悲哀的；人快死了，他说的话是善意的。君子所应当重视的道有三个方面：使自己的容貌真诚谦和，这样可以避免粗暴、放肆；使自己的脸色庄重严肃，这样就接近于诚信；使自己说话的言辞和语气谨慎小心，这样就可以避免粗野和背理。至于祭祀和礼节仪式，自有主管这些事务的官吏来负责。"

◎ 直播课堂

曾子在临死以前，他还在试图改变孟敬子的态度，所以他说："人之将死，其言也善。"这一方面表白他自己对孟敬子没有恶意，同时也告诉孟敬子，作为君子应当重视的三个方面。这些道理现在看起来，还是很有意义的。

# 有若无，实若虚

## ◎ 我是主持人
　　曾子在这里所说的话，完全秉承了孔子的思想学说。"问于不能""问于寡"等都表明在学习上的谦逊态度。

## ◎ 原文
　　**曾子曰："以能问于不能，以多问于寡；有若无，实若虚；犯而不校。昔者吾友尝从事于斯矣。"**

## ◎ 注释
　　校：同"较"，计较。
　　吾友：我的朋友。旧注上一般都认为这里指颜渊。

## ◎ 译文
　　曾子说："自己有才能却向没有才能的人请教，自己知识多却向知识少的人请教，有学问就像没有学问一样；知识很充实却像空无所有一样；被人侵犯却也不计较。从前我的朋友就这样做过了。"

## ◎ 直播课堂
　　没有知识、没有才能的人并不是一钱不值的，在他们身上总有值得你学习的地方。所以，在学习上，既要向有知识、有才能的人学习，又要向少知识、少才能的人学习。其次，曾子还提出"有若无""实若虚"的说法，希望人们始终保持谦虚不自满的态度。最后，曾子说"犯而不校"，表现出一种宽阔的胸怀和忍让精神，这也是值得学习的。

# 任重而道远

◎ **我是主持人**

本文讲述了曾子思想中责任与抱负的思想，对我们当今社会有着巨大的教育意义。

◎ **原文**

曾子曰："士不可以不弘毅，任重而道远。仁以为己任，不亦重乎？死而后已，不亦远乎？"

◎ **注释**

弘毅：弘，广大。毅，强毅。

◎ **译文**

曾子说："士人不可以不弘大刚强而有毅力，因为他责任重大，道路遥远。把实现'仁'作为自己的责任，难道还不重大吗？奋斗终生，死而后已，难道路程还不遥远吗？"

◎ **直播课堂**

任重而道远，自强不息，这是千百年来我们一直所弘扬的一种精神。曾子在本则中很好地说明了这一道理，让人从中受益匪浅。

# 兴于诗

## ◎ 我是主持人

本则讲述了孔子在教育方面的几个看法。孔子在教育方面有着极高的成就,他的教育思想影响深远。

## ◎ 原文

子曰:"兴于诗,立于礼,成于乐。"

## ◎ 注释

兴:开始。

## ◎ 译文

孔子说:"人的修养开始于学《诗》,自立于学《礼》,完成于学《乐》。"

## ◎ 直播课堂

本则里孔子提出了他从事教育的三方面内容:诗、礼、乐,而且指出了这三者的不同作用。他要求学生不仅要讲个人的修养,而且要有全面、广泛的知识和技能。

# 民可使由之

## ◎ 我是主持人

孔子思想上有"爱民"的内容,但这有前提,他爱的是"顺民",不是"乱民"。这里他提出的"民可使由之,不可使知之"的观点,就表明了他的"愚民"思想。

## ◎ 原文

子曰:"民可使由之,不可使知之。"

## ◎ 译文

孔子说:"对于老百姓,只能使他们按照我们的意志去做,不能使他们懂得为什么要这样做。"

## ◎ 直播课堂

愚民与爱民并不是互相矛盾的。另有人认为,对此句应作如下解释:"民可,使由之;不可,使知之。"即百姓认可,就让他们照着去做;百姓不认可,就给他们说明道理。持这种观点的人认为这是孔子倡行朴素民主政治的尝试。但大多数学者认为这样断句,不符合古汉语的语法;这样理解,拔高了孔子的思想水平,使古人现代化了,也与《论语》一书所反映的孔子思想不符。

# 好勇疾贫

## ◎ 我是主持人
孔子认为社会的安定要靠仁德来治理，这才是一个国家应该做的事情。

## ◎ 原文
子曰："好勇疾贫，乱也。人而不仁，疾之已甚，乱也。"

## ◎ 注释
疾：恨、憎恨。
不仁：不符合仁德的人或事。
已甚：已，太。已甚，即太过分。

## ◎ 译文
孔子说："喜好勇敢而又恨自己太穷困，就会犯上作乱。对于不仁德的人或事逼迫得太厉害，也会出乱子。"

## ◎ 直播课堂
在孔子看来，老百姓如果不甘心居于自己穷困的地位，他们就会起来造反，这就不利于社会的安定，而对于那些不仁的人逼迫得太厉害，也会惹出祸端。所以，最好的办法就是"民可使由之，不可使知之"，培养人们的"仁德"。

# 使骄且吝

◎ **我是主持人**

孔子把一个人的私德看得比一个的才华更重要,这对培养一个人的道德水准有一定的积极意义。但是从一个人的科学衡量角度来说,孔子这个观点是有缺陷的,因为相对一个社会来说,一个人的才华要比一个人的私德更加有价值。今天强调德才兼备,以德为先,很有必要。

◎ **原文**

子曰:"如有周公之才之美,使骄且吝,其余不足观也已。"

◎ **译文**

孔子说:"一个在上位的君主即使有周公那样美好的才能,如果骄傲自大而又吝啬小气,那其他方面也就不值得一看了。"

◎ **直播课堂**

一个很有才华的人,只要他遵纪守法,能用他的才华为社会创造财富,即便他私德上有点缺陷,喜欢吹牛,爱慕虚荣,这又有什么关系呢?相反,另外一个人私德很好,个个都喜欢,可惜一无所长,对社会又有什么价值呢?然而,道德良好能使社会风气清正。

# 三年学，不至于谷

◎ **我是主持人**
　　孔子办教育的主要目的是培养治国安邦的人才。古时一般学习三年为一个阶段，此后便可做官。

◎ **原文**
　　子曰："三年学，不至于谷，不易得也。"

◎ **注释**
　　谷：古代以谷作为官吏的俸禄，这里用"谷"字代表做官。不至于谷，即做不了官。

◎ **译文**
　　孔子说："学了三年，还做不了官的，是不易找到的。"

◎ **直播课堂**
　　对本则还有另一种解释，认为"学了三年还达不到善的人，是很少的"。读者可以根据自己的理解来阅读本则。

## 不在其位，不谋其政

◎ 我是主持人

从目前来看，很多人连自己的事情也做不好，喜欢去插手别的事情，这是不对的，我们要提倡"在其位，谋其政"。

◎ 原文

子曰："不在其位，不谋其政。"

◎ 译文

孔子说："不在那个职位上，就不考虑该职位上的事。"

◎ 直播课堂

"不在其位，不谋其政"涉及儒家所谓的"名分"问题。不在其位而谋其政，则有僭越之嫌，就被人认为是"违礼"之举。"不在其位，不谋其政"也就是要"安分守己"。这在春秋末年为维护社会稳定，抑制百姓"犯上作乱"起到过重要作用。

## 师挚之始

◎ 我是主持人

本则是孔子对音乐的论述。古时宫廷奏乐时，由乐师主持。先王作乐，意在以音乐净化人心，移风易俗。

## ◎ 原文

子曰："师挚之始，《关雎》之乱，洋洋乎盈耳哉！"

## ◎ 注释

师挚之始：师挚是鲁国的太师。"始"是乐曲的开端，即序曲。古代奏乐，开端叫"升歌"，一般由太师演奏，师挚是太师，所以这里说是"师挚之始"。

《关雎》之乱："始"是乐曲的开端，"乱"是乐曲的终了。"乱"是合奏乐。此时奏《关雎》乐章，所以叫"《关雎》之乱"。

## ◎ 译文

孔子说："从太师挚演奏的序曲开始，到最后演奏《关雎》的结尾，美妙动听的音乐在我耳边回荡。"

## ◎ 直播课堂

春秋时期，社会动荡，人心失道，音乐也随之残缺不全。孔子为此而感叹，意欲扭转为正，使乐得其所，故追思于此而赞美道："我自卫返鲁之后，适逢乐师挚在宫，从他开始演奏，直到结束时演奏《关雎》，美妙动听的音乐不绝于耳啊。"

# 狂而不直，侗而不愿

## ◎ 我是主持人

"狂而不直，侗而不愿，悾悾而不信"都不是好的道德品质，孔子对此十分反感。

◎ 原文

子曰:"狂而不直,侗而不愿,悾悾而不信,吾不知之矣。"

◎ 注释

狂:急躁、急进。

侗:幼稚无知。

愿:谨慎、小心、朴实。

悾悾:悾,同"空",悾悾,诚恳的样子。

◎ 译文

孔子说:"狂妄而不正直,无知而不谨慎,表面上诚恳而不守信用,我真不知道有的人为什么会是这个样子。"

◎ 直播课堂

孔子在文章中所说的这几种品质不符合中庸的基本原则,也不符合儒家一贯倡导的"温、良、恭、俭、让"和"仁、义、礼、智、信"的要求。所以孔子说:我真不知道有人会这样。

## 学如不及

◎ 我是主持人

在中国几千年的教育发展中,孔子的观点一直有着深远的影响。这次再次提及学习的态度,值得我们好好研究学习。

◎ 原文

子曰:"学如不及,犹恐失之。"

◎ 译文

　　孔子说:"学习知识就像追赶不上那样,又会担心丢掉什么。"

◎ 直播课堂

　　本则是讲学习态度的问题。孔子自己对学习知识的要求十分强烈,他也同时这样要求他的学生。这"学如不及,犹恐失之",其实就是"学而不厌"一句最好的注脚。

# 唯天为大,唯尧则之

◎ 我是主持人

　　孔子在本则高度赞扬了伟大的君主尧帝,可见孔子对于伟大的圣人是非常崇敬的。

◎ 原文

　　子曰:"大哉,尧之为君也!巍巍乎!惟天为大,惟尧则之。荡荡乎,民无能名焉。巍巍乎其有成功也,焕乎其有文章!"

◎ 注释

　　尧:中国古代传说中的圣君。
　　则:效法、为准。
　　荡荡:宽广无边。
　　名:形容、称说、称赞。
　　焕:光辉。

◎ 译文

　　孔子说:"真伟大啊!尧这样的君主。多么崇高啊!只有天最高大,只有尧才能效法天的高大。他的恩德多么广大啊，百姓们真不知道该用什么语言来表达对他的称赞。他的功绩多么崇高，他制定的礼仪制度多么光辉啊！"

◎ 直播课堂

尧是中国传说时代的圣君。孔子在这里用极美好的语言称赞尧，尤其对他的礼仪制度愈加赞美，表达了他对古代先王的崇敬心情。

## 舜有臣五人而天下治

◎ 我是主持人

本则中，孔子提出了一个重要问题，就是治理天下，必须有人才，而人才是十分难得的。

◎ 原文

舜有臣五人而天下治。武王曰："予有乱臣十人。"孔子曰："'才难'，不其然乎？唐虞之际，于斯为盛，有妇人焉，九人而已。三分天下有其二，以服事殷。周之德，其可谓至德也已矣！"

◎ 注释

舜有臣五人：传说是禹、稷、契、皋陶、伯益五人。

乱臣：据《说文》："乱，治也。"此处所说的"乱臣"，应为"治国之臣"。

唐虞之际：传说尧在位的时代叫唐，舜在位的时代叫虞。

斯：指周武王时期。

有妇人焉：指武王的乱臣十人中有武王之妻邑姜。

三分天下有其二：《逸周书·程典篇》说："文王令九州之侯，奉勤于

商"。相传当时分九州,文王得六州,是三分之二。

## ◎ 译文

舜有五位贤臣,就能治理好天下。周武王也说过:"我有十个帮助我治理国家的臣子。"孔子说:"人才难得,难道不是这样吗?唐尧和虞舜之间及周武王这个时期,人才是最盛了。但十个大臣当中有一个是妇女,实际上只有九个人而已。周文王得了天下的三分之二,仍然事奉殷朝,周朝的德,可以说是最高的了。"

## ◎ 直播课堂

有了人才,国家就可以得到治理,天下就可以太平。当然,这并不就证明孔子的"英雄史观",因为在历史发展过程中,杰出人物的确发挥了不可低估的巨大作用,这与人民群众的作用,都应该是不可忽视的。

# 吾无间然矣

## ◎ 我是主持人

孔子所在的时代,一切都很完善,为君者生活简朴,孝敬鬼神,是执政者的榜样。

## ◎ 原文

子曰:"禹,吾无间然矣。菲饮食而致孝乎鬼神,恶衣服而致美乎黻冕;卑宫室而尽力乎沟洫。禹,吾无间然矣。"

## ◎ 注释

间:空隙、罅隙的意思。此处指可非议、可挑剔之处。
菲:菲薄,不丰厚。

致：致力、努力。
黻冕：祭祀时穿的礼服叫黻；祭祀时戴的帽子叫冕。
卑：低矮。
沟洫：沟渠。

◎ 译文

孔子说："对于禹，我没有什么可以挑剔的了；他的饮食很简单而尽力去孝敬鬼神；他平时穿的衣服很简朴，而祭祀时尽量穿得华美，他自己住的官室很简陋，而致力于修治水利事宜。对于禹，我确实没有什么挑剔的了。"

◎ 直播课堂

以上这几则，孔子对于尧、舜、禹给予高度评价。而在当时不少人拼命追逐权力、地位和财富，而把百姓的生活和国家的富强放在了次要的位置，以古喻今，孔子是在向统治者提出警告。

# 利与命与仁

◎ 我是主持人

"子罕言利"，说明孔子对"利"的轻视。在《论语》书中，我们也多处见到他谈"利"的问题，但基本上主张"先义后利""重义轻利"，可以说孔子很少谈"利"。

◎ 原文

子罕言利与命与仁。

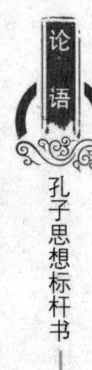

◎ 注释

罕：稀少，很少。

与：赞同、肯定。

◎ 译文

孔子很少谈到利益，却赞成天命和仁德。

◎ 直播课堂

本则说孔子赞同"命"和"仁"，表明孔子对此是十分重视的。孔子讲"命"，常将"命"与"天"相连，即"天命"，这是孔子思想中的一个组成部分。孔子还讲"仁"，这里其思想的核心。对此，我们在前面的章节中也已评论，请参阅。

# 博学而无所成名

◎ 我是主持人

本则讲述了博学方面的观点。孔子认为，人应该博学广识，这样才能提高自身的修养。

◎ 原文

达巷党人曰："大哉孔子！博学而无所成名。"子闻之，谓门弟子曰："吾何执？执御乎？执射乎？吾执御矣。"

◎ 注释

达巷党人：古代五百家为一党，达巷是党名。这是说达巷党这个地方的人。

博学而无所成名：学问渊博，因而不能以某一方面来称道他。

◎ 译文

达巷党这个地方有人说:"孔子真伟大啊!他学问渊博,因而不能以某一方面的专长来称赞他。"孔子听说了,对他的学生说:"我要专长于哪个方面呢?驾车呢?还是射箭呢?我还是驾车吧。"

◎ 直播课堂

对于本节里"博学而无所成名"一句的解释还有一种,即"学问广博,可惜没有一技之长以成名。"持此说的人认为,孔子表面上伟大,但实际上算不上博学多识,他什么都懂,什么都不精。对此说,我们觉得似乎有些求全责备之嫌了。

# 子绝四

◎ 我是主持人

"子绝四:毋意,毋必,毋固,毋我",这句话很容易解释,很容易懂。可是要在这一生中行为修养上做到,实在很难。

◎ 原文

**子绝四:毋意,毋必,毋固,毋我。**

◎ 注释

意:同臆,猜想、猜疑。

必:必定。

固:固执己见。

我:这里指自私之心。

◎ 译文

孔子杜绝了四种弊病：没有主观猜疑，没有定要实现的期望，没有固执己见之举，没有自私之心。

◎ 直播课堂

"绝四"是孔子的一大特点，这涉及人的道德观念和价值观念。人只有首先做到这几点才可以完善道德，修养高尚的人格。

# 子畏于匡

◎ 我是主持人

外出游说时被围困，这对孔子来讲已不是第一次，当然这次是误会。

◎ 原文

子畏于匡，曰："文王既没，文不在兹乎？天之将丧斯文也，后死者不得与于斯文也；天之未丧斯文也，匡人其如予何？"

◎ 注释

畏于匡：匡，地名，在今河南省长垣县西南。畏，受到威胁。公元前496年，孔子从卫国到陈国去经过匡地。匡人曾受到鲁国阳虎的掠夺和残杀。孔子的相貌与阳虎相像，匡人误以孔子就是阳虎，所以将他围困。

文王：周文王，姓姬，名昌，西周开国之君，周武王的父亲，是孔子心目中的古代圣贤之一。

兹：这里，指孔子自己。

后死者：孔子这里指将来的子孙后代。

与：同"举"，这里是掌握的意思。

如予何：奈我何，把我怎么样。

◎ 译文

孔子被匡地的人们所围困时，他说："周文王死了以后，周代的礼乐文化不都体现在我的身上吗？上天如果想要消灭这种文化，那我就不可能掌握这种文化了；上天如果没有消灭这种文化，那么匡人又能把我怎么样呢？"

◎ 直播课堂

孔子有自己坚定的信念，他强调个人的主观能动作用，认为自己是周文化的继承者和传播者。不过，当孔子屡遭困厄时，他也感到人力的局限性，而把决定作用归之于天，表明他对"天命"的认可。

# 太宰问于子贡

◎ 我是主持人

作为孔子的学生，子贡认为自己的老师是天才，是上天赋予他多才多艺的。

◎ 原文

太宰问于子贡曰："夫子圣者与？何其多能也？"子贡曰："固天纵之将圣，又多能也。"子闻之，曰："太宰知我乎？吾少也贱，故多能鄙事。君子多乎哉？不多也。"

◎ 注释

太宰：官名，掌握国君宫廷事务。这里的太宰，有人说是吴国的太宰伯嚭，但不能确认。

纵：让，使，不加限量。

鄙事：卑贱的事情。

◎ **译文**

太宰问子贡说:"孔夫子是位圣人吧?为什么这样多才多艺呢?"子贡说:"这本是上天让他成为圣人,而且使他多才多艺。"孔子听到后说:"太宰怎么会了解我呢?我因为少年时地位低贱,所以会许多卑贱的技艺。君子会有这么多的技艺吗?不会多的。"

◎ **直播课堂**

孔子这里否认了子贡对自己评价的多才多艺。他说自己少年低贱,要谋生,就要多掌握一些技艺,这表明,当时孔子并不承认自己是圣人。

# 吾不试,故艺

◎ **我是主持人**

这一则与上一则的内容相关联,同样用来说明孔子"我非生而知之"的思想。

◎ **原文**

牢曰:"子云,'吾不试,故艺'。"

◎ **注释**

牢:郑玄说此人系孔子的学生,但在《史记·仲尼弟子列传》中未见此人。

试:用,被任用。

◎ **译文**

子牢说:"孔子说过,'我年轻时没有去做官,所以会许多技艺'。"

◎ 直播课堂

　　孔子不认为自己是"圣人",也不承认自己是"天才",他说他的多才多艺是由于年轻时没有去做官,生活比较清贫,所以掌握了这许多的谋生技艺。

# 空空如也

◎ 我是主持人

　　孔子本人并不是高傲自大的人。因为孔子认为,人不可能对世间所有事情都十分精通,因为人的精力毕竟是有限的。

◎ 原文

　　子曰:"吾有知乎哉?无知也。有鄙夫问于我,空空如也。我叩其两端而竭焉。"

◎ 注释

　　鄙夫:孔子称乡下人、社会下层的人。
　　空空如也:指孔子自己心中空空无知。
　　叩:叩问、询问。
　　两端:两头,指正反、始终、上下方面。
　　竭:穷尽、尽力追究。

◎ 译文

　　孔子说:"我有知识吗?其实没有知识。有一个乡下人问我,我对他谈的问题本来一点也不知道。我只是从问题的两端去问,这样对此问题就可以全部搞清楚了。"

◎ 直播课堂

孔子有一个分析问题、解决问题的基本方法，这就是"叩其两端而竭"，只要抓住问题的两个极端，就能求得问题的解决。这种方法，体现了儒家的中庸思想，是一种十分有意义的思想方法。

## 凤鸟不至，河不出图

◎ 我是主持人

从这几句话来看，孔子到了晚年，言语之间饱含他对于自己的期许和失意。

◎ 原文

子曰："凤鸟不至，河不出图，吾已矣夫！"

◎ 注释

凤鸟：古代传说中的一种神鸟。传说凤鸟在舜和周文王时代都出现过，它的出现象征着"圣王"将要出世。

河不出图：传说在上古伏羲氏时代，黄河中有龙马背负八卦图而出。它的出现也象征着"圣王"将要出世。

◎ 译文

孔子说："凤鸟不来了，黄河中也不出现八卦图了。我这一生也就完了吧！"

◎ 直播课堂

孔子为了恢复礼制而辛苦奔波了一生。到了晚年，他看到周礼的恢复似乎已经成为泡影，于是发出了以上的哀叹。

# 仰之弥高，钻之弥坚

## ◎ 我是主持人

"仰之弥高，钻之弥坚"意思说我抬起头看它，反而觉得它越高就越难看清楚，知识越深入去研究，就越觉得奥妙。这是因为随着获得知识的增多，研究层次会更深入，就会感到未掌握的知识也更多、更难。

## ◎ 原文

**颜渊喟然叹曰："仰之弥高，钻之弥坚，瞻之在前，忽焉在后。夫子循循然善诱人，博我以文，约我以礼，欲罢不能。即竭吾才，如有所立卓尔。虽欲从之，末由也已。"**

## ◎ 注释

喟：叹息的样子。
弥：更加，越发。
钻：钻研。
瞻：视、看。
循循然：有次序地。
诱：劝导，引导。
卓尔：高大、超群的样子。
末由：末，无、没有。由，途径，路径。这里是没有办法的意思。

## ◎ 译文

颜渊感叹地说："对于老师的学问与道德，我抬头仰望，越望越觉得高深；我努力钻研，越钻研越觉得不可穷尽。看着它好像在前面，忽然又像在后面。老师善于一步一步地引导我，用各种典籍来丰富我的知识，又

用各种礼节来约束我的言行，使我想停止学习都不可能，直到我用尽了我的全力。好像有一个十分高大的东西立在我前面，虽然我想要追随上去，却没有前进的路径了。"

◎ 直播课堂

颜渊在本章里极力推崇自己的老师，把孔子的学问与道德说成是高不可攀的。此外，他还谈到孔子对学生的教育方法，"循循善诱"则成为日后为人师者所遵循的原则之一。

## 久矣哉，由之行诈也

◎ 我是主持人

儒家对于葬礼十分重视，尤其重视葬礼的等级规定。对于死去的人，要严格地按照周礼的有关规定加以埋葬。

◎ 原文

子疾病，子路使门人为臣。病间，曰："久矣哉，由之行诈也。无臣而为有臣。吾谁欺？欺天乎？且予与其死于臣之手也，无宁死于二三子之手乎？且予纵不得大葬，予死于道路乎？"

◎ 注释

为臣：臣，指家臣，总管。孔子当时不是大夫，没有家臣，但子路叫门人充当孔子的家臣，准备由此人负责总管安葬孔子之事。

病间：病情减轻。

无宁：宁可。"无"是发语词，没有意义。

大葬：指大夫的葬礼。

◎ 译文

孔子患了重病，子路派了孔子的门徒去作孔子的家臣，负责料理后事，后来，孔子的病好了一些，他说："仲由很久以来就干这种弄虚作假的事情。我明明没有家臣，却偏偏要装作有家臣，我骗谁呢？我骗上天吧？与其在家臣的侍候下死去，我宁可在你们这些学生的怀里死去，这样不是更好吗？而且即使我不能以大夫之礼来安葬，难道就会被丢在路边没人埋吗？"

◎ 直播课堂

不同等级的人有不同的安葬仪式，违反了这种规定，就是大逆不道。孔子反对学生们按大夫之礼为他办理丧事，是为了恪守周礼的规定。

# 有美玉于斯

◎ 我是主持人

本则反映了孔子学而优则仕的主张，以及找机会把仁义行之于天下的思想。

◎ 原文

子贡曰："有美玉于斯，韫匵而藏诸？求善贾而沽诸？"子曰："沽之哉，沽之哉！我待贾者也。"

◎ 注释

韫匵：收藏物件的柜子。

善贾：识货的商人。

沽：卖出去。

◎ 译文

　　子贡说:"这里有一块美玉,是把它收藏在柜子里呢?还是找一个识货的商人卖掉呢?"孔子说:"卖掉吧,卖掉吧!我正在等着识货的人呢。"

◎ 直播课堂

　　"待贾而沽"说明了这样一个问题,孔子自称是"待贾者",他一方面四处游说,以宣传礼治天下为己任,期待着各国统治者能够行他之道于天下;另一方面,他也随时准备把自己推上治国之位,依靠政权的力量去推行礼。

# 子欲居九夷

◎ 我是主持人

　　本则讲述了孔子对于知识、文化的看法。孔子认为知识能够改变一个人,也可以改变一个落后的地方。

◎ 原文

　　子欲居九夷。或曰:"陋,如之何?"子曰:"君子居之,何陋之有?"

◎ 注释

　　九夷:中国古代对于东方少数民族的通称。
　　陋:物质条件差,文化闭塞,不开化。

◎ 译文

　　孔子想要搬到九夷地方去居住。有人说:"那里物质条件很差,非常落后闭塞,怎么能住呢?"孔子说:"有君子去居住,还有什么闭塞的呢?"

◎ 直播课堂

中国古代，中原地区的人把居住在东面的人们称为夷人，认为此地闭塞落后，当地人也愚昧不开化。孔子在回答某人的问题时说，只要有君子去这些地方住，传播文化知识，开化人们的愚蒙，那么这些地方就不会闭塞落后了。

# 吾自卫反鲁

◎ 我是主持人

孔子自卫国返回鲁国时，虽然周礼在鲁国尚存，但年经久远，礼乐亦残缺失次。

◎ 原文

子曰："吾自卫反鲁，然后乐正，雅颂各得其所。"

◎ 注释

自卫反鲁：公元前484年鲁哀公十一年冬，孔子从卫国返回鲁国，结束了4年游历不定的生活。

乐正：调整乐曲的篇章。

雅颂：这是《诗经》中两类不同的诗的名称。也是指雅乐、颂乐等乐曲名称。

◎ 译文

孔子说："我从卫国返回到鲁国以后，乐才得到整理，雅乐和颂乐各有适当的安排。"

◎ 直播课堂

孔子周游四方，参互考证，特纠正错误，补充残缺，校正次序，从而使礼乐条理都得其正。使《诗》中的二《雅》、三《颂》的本义，各得其所，各归其正。从此可以看出孔子一切都要按照周礼行事。

## 出则事公卿，入则事父兄

◎ 我是主持人

"出则事公卿"，是为国尽忠；"入则事父兄"，是为长辈尽孝。忠和孝是孔子思想中影响深远的观点。

◎ 原文

子曰："出则事公卿，入则事父兄，丧事不敢不勉，不为酒困，何有于我哉。"

◎ 译文

孔子说："在外事奉公卿，在家孝敬父兄，有丧事不敢不尽力去办，不为酒所困，这些事对我来说有什么困难呢？"

◎ 直播课堂

忠与孝是孔子特别强调的两个道德规范。它是对所有人的要求，而孔子本人就是这方面的身体力行者。在这里，孔子说自己已经基本上做到了这几点。

# 逝者如斯夫，不舍昼夜

◎ **我是主持人**

孔子在河岸上，一定是仰观俯察，再看河川里的流水，因而兴起感叹。他所说的"逝者"，没有特定的所指，自可包罗万象。

◎ **原文**

**子在川上曰："逝者如斯夫，不舍昼夜。"**

◎ **译文**

孔子在河边说："消逝的时光就像这河水一样啊，不分昼夜地向前流去。"

◎ **直播课堂**

就天地人事而言，孔子仰观天文，想到日月运行，昼夜更始，便是往一日即去一日，俯察地理，想到花开叶落，四时变迁，便是往一年即去一年。天地如此，生于天地间的人，亦不例外。人自出生以后，由少而壮，由壮而老，每过一日，即去一日，每过一岁，即去一岁。个人如此，群体亦不例外。

# 好德如好色者

◎ 我是主持人

这句话讲的是在上位的人看待贤德之人和美人的态度,希望在上位者能够像爱美人那样爱贤德之人。

◎ 原文

子曰:"吾未见好德如好色者也。"

◎ 译文

孔子说:"我没有见过像好色那样好德的人。"

◎ 直播课堂

这里是讲修道之人对待美德和美色的态度。其实,孔子本来也不指望人不喜爱美色,只是希望君子可以像喜爱美色那样喜爱美德。

# 譬如为山,未成一篑

◎ 我是主持人

孔子在这里用堆土成山这一比喻,说明功亏一篑和持之以恒的深刻道理。

◎ 原文

子曰:"譬如为山,未成一篑;止,吾止也;譬如平地,虽覆一篑;进,吾往也。"

◎ 注释

篑:土筐。

◎ 译文

孔子说:"譬如用土堆山,只差一筐土就完成了,这时停下来,那是我自己要停下来的;譬如填平洼地,虽然只倒下一筐,这时继续前进,那是我自己要前进的。"

◎ 直播课堂

孔子鼓励自己和学生们,在学问和道德上,应该是坚持不懈,自觉自愿。这对于立志有所作为的人来说是十分重要的,也是对人的道德品质的塑造。

# 吾见其进也,未见其止也

◎ 我是主持人

本则讲述了勤奋的观点。孔子认为一个人勤奋刻苦是非常值得称赞的,他要求他的学生养成这种习惯。

◎ 原文

子谓颜渊曰:"惜乎!吾见其进也,未见其止也。"

◎ 译文

孔子对颜渊说:"可惜呀!我只见他不断前进,从来没有看见他停止过。"

◎ 直播课堂

孔子的学生颜渊是一个十分勤奋刻苦的人,他在生活方面几乎没有什么要求,而是一心用在学问和道德修养方面。但是可惜的是,他却不幸英年早逝。对于他的死,孔子自然十分悲痛。他经常以颜渊为榜样要求其他学生。

# 苗而不秀者有矣夫

◎ 我是主持人

这是孔子以庄稼的生长、开花到结果来比喻一个人从求学到做官的过程。

◎ 原文

子曰:"苗而不秀者有矣夫;秀而不实者有矣夫!"

◎ 注释

秀:稻、麦等庄稼吐穗扬花叫秀。

◎ 译文

孔子说:"庄稼出了苗而不能吐穗扬花的情况是有的;吐穗扬花而不结果实的情况也有。"

◎ 直播课堂

有的人很有前途,但不能坚持始终,最终达不到目的。在这里,孔子还是希望他的学生既能勤奋学习，最终又能做官出仕。

# 法语之言

◎ **我是主持人**

这里讲的第一层意见是言行一致的问题；第二层意思是忠言逆耳。对于孔子所讲的这两点，我们今天还应借鉴它，按照这样的原则去办事。

◎ **原文**

子曰："法语之言，能无从乎？改之为贵。巽与之言，能无说乎？绎之为贵。说而不绎，从而不改，吾未如之何也已矣。"

◎ **注释**

法语之言：法，指礼仪规则。这里指以礼法规则正言规劝。

巽与之言：巽，恭顺，谦逊。与，称许，赞许。这里指恭顺赞许的话。

说：同"悦"。

绎：原意为"抽丝"，这里指推究，追求，分析，鉴别。

未：没有。

◎ **译文**

孔子说："符合礼法的正言规劝，谁能不听从呢？但只有按它来改正自己的错误才是可贵的。恭顺赞许的话，谁能听了不高兴呢？但只有认真推究它的真伪是非，才是可贵的。只是高兴而不去分析，只是表示听从而不改正错误，对这样的人我拿他实在是没有办法了。"

◎ 直播课堂

听从那些符合礼法的话只是问题的一方面，而真正依照礼法的规定去改正自己的错误，才是问题的实质。第二层的意思是忠言逆耳，而顺耳之言的是非真伪，则应加以仔细辨别。

# 主忠信，毋友不如己者

◎ 我是主持人

你的朋友或者不如你守信，但是在其他方面必有胜你之处，与朋友相处，互相学习，互补互助才是科学的。

◎ 原文

子曰："主忠信，毋友不如己者，过则勿惮改。"

◎ 译文

孔子说："一切要以忠信为本，不要与自己不同道的人交朋友，有错误不要怕改正。"

◎ 直播课堂

朋友相处贵在交心。若是交朋友还要看看是不是对自己有帮助，这样的人势利得很，难以为友。人交际应酬是一件事，朋友相知是另一件事，人孰无过？你看别人有缺点，别人看你缺点一堆，要互相体谅才行。

# 三军可夺帅也

◎ **我是主持人**

"理想"这个词，在孔子时代称为"志"，就是人的志向、志气。"匹夫不可夺志"，反映出孔子对于"志"的高度重视，甚至将它与三军之帅相比。

◎ **原文**

子曰："三军可夺帅也，匹夫不可夺志也。"

◎ **注释**

三军：一万二千五百人为一军，三军包括大国所有的军队。

匹夫：平民百姓，主要指男子。

◎ **译文**

孔子说："一国军队，可以夺去它的主帅；但一个男子汉，他的志向是不能强迫改变的。"

◎ **直播课堂**

对于一个人来讲，他有自己的独立人格，任何人都无权侵犯。作为个人，他应维护自己的尊严，不受威胁利诱，始终保持自己的"志向"。这就是中国人"人格"观念的形成及确定。

# 衣敝缊袍

◎ **我是主持人**

这一则记述了孔子对他的弟子子路先夸奖又批评的两段话。说明孔子对弟子教育的严格。

◎ **原文**

子曰:"衣敝缊袍,与衣狐貉者立而不耻者,其由也与?'不忮不求,何用不臧?'"子路终身诵之。子曰:"是道也,何足以臧?"

◎ **注释**

衣:穿,当动词用。

敝缊袍:敝,坏。缊,旧的丝棉絮。这里指破旧的丝棉袍。

狐貉:用狐和貉的皮做的裘皮衣服。

不忮不求,何用不臧:这两句见《诗经·邶风·雄雉》篇。忮,害的意思。臧,善,好。

◎ **译文**

孔子说:"穿着破旧的丝棉袍子,与穿着狐貉皮袍的人站在一起而不认为是可耻的,大概只有仲由吧。《诗经》上说:'不嫉妒,不贪求,只要做到这些,还有什么不好的呢?'"子路听后,反复背诵这句诗。孔子又说:"只做到这样,又怎么能说够好了呢?"

◎ **直播课堂**

孔子希望子路不要满足于目前已经达到的水平,因为仅是不贪求、不嫉妒是不够的,还要有更高的更远的志向,成就一番大事业。

## 岁寒，然后知松柏之后凋也

◎ 我是主持人

　　孔子认为，人是要有骨气的。这对于我们今天的青少年来说有着非常重要的教育意义。

◎ 原文

　　子曰："岁寒，然后知松柏之后凋也。"

◎ 译文

　　孔子说："到了寒冷的季节，才知道松柏是最后凋谢的。"

◎ 直播课堂

　　作为有远大志向的君子，他就像松柏那样，不会随波逐流，而且能够经受各种各样的严峻考验。孔子的话，语言简洁，寓意深刻，值得我们深入思考。

## 知者不惑

◎ 我是主持人

　　在儒家传统道德中，智、仁、勇是重要的三个范畴。

◎ 原文

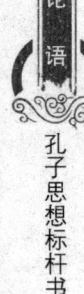

子曰："知者不惑，仁者不忧，勇者不惧。"

◎ 译文

孔子说："聪明人不会迷惑，有仁德的人不会忧愁，勇敢的人不会畏惧。"

◎ 直播课堂

《礼记·中庸》说："知、仁、勇，三者天下之达德也。"孔子希望自己的学生能具备这三种品德，成为真正的君子。

# 可与共学，未可与适道

◎ 我是主持人

学、道、立、权，四个境界，层次分明。学是各种学问；道是修行圣人的大道；立是修道而能立定根基；权是推行大道而能通权达变。

◎ 原文

子曰："可与共学，未可与适道；可与适道，未可与立；可与立，未可与权。"

◎ 注释

适道：适，往。这里是志于道，追求道的意思。
立：坚持道而不变。
权：秤锤。这里引申为权衡轻重。

◎ 译文

孔子说:"可以一起学习的人,未必都能学到道;能够学到道的人,未必能够坚守道;能够坚守道的人,未必能够随机应变。"

◎ 直播课堂

求学的人多,修道的人少,所以可与共学,未可与适道。同是修道的人,未必都能立道。孔子十五岁志于学,三十而立。普通人修学几十年,不一定就能立,可见其难。所以,可与适道,未可与立。纵然可与立,然而讲到行权,则需随机变化,变的结果,恰好与道相合。如果没有权变的智慧,绝对办不到。所以,可与立,未可与权。

# 第四章
## 以文会友，德行政事

　　本章集中记载了孔子的容色言动、衣食住行，表现孔子是个一举一动都符合礼的正人君子。例如，孔子在面见国君、大夫时的态度，出入于公门和出使别国时的表现，都显示出正直、仁德的品格。本章还记载了孔子日常生活的一些侧面，为人们全面了解孔子、研究孔子，提供了生动的素材。

## 孔子于乡党，恂恂如也

◎ **我是主持人**

本则记载孔子对不同人而采用不同的语态、语调以及语气。

◎ **原文**

**孔子于乡党，恂恂如也，似不能言者。其在宗庙、朝廷，便便言，唯谨尔。**

◎ **注释**

恂恂：温和恭顺。

便便：辩，善于辞令。

◎ **译文**

孔子在本乡的地方上显得很温和恭敬，像是不会说话的样子。但他在宗庙里、朝廷上，却很善于言辞，只是说得比较谨慎而已。

◎ **直播课堂**

对于孔子来说，人只有通过他者才能得到定义，因此人际问题就具有了相当重大的意义，对于不同情景的人际处理包括言语、语气、神态、行为等自然就非常重要了。

# 朝，与下大夫言

## ◎ 我是主持人

在春秋时代的官员等级制度中，分上大夫、下大夫。以鲁国言，孔子时期，季、叔、孟三家当为上大夫，而孔子则在下大夫之列。

## ◎ 原文

**朝，与下大夫言，侃侃如也；与上大夫言，訚訚如也。君在，踧踖如也，与与如也。**

## ◎ 注释

侃侃：说话理直气壮，不卑不亢，温和快乐的样子。
訚訚：正直，和颜悦色而又能直言争辩。
踧踖：恭敬而不安的样子。
与与：小心谨慎、威仪适中的样子。

## ◎ 译文

孔子在上朝的时候，国君还没有到来，同下大夫说话，温和而快乐的样子；同上大夫说话，正直而公正的样子；国君已经来了，恭敬而心中不安的样子，但又仪态适中。

## ◎ 直播课堂

此处是说与上级官员和下级官员在正式场合见面时交谈的态度。简单说，"与下大夫言，侃侃如也"就是言谈畅快而又互相尊重；"与上大夫言，訚訚如也"就是态度好但是不随声附和、自有主见。

## 君召使摈，色勃如也

◎ **我是主持人**

本则主要记述孔子接待宾客的礼数。"色勃如也"就是说不能以懒散的态度对付过去，要认真对待；"足躩如也"就是说足下不能拖沓。

◎ **原文**

**君召使摈，色勃如也；足躩如也。揖所与立，左右手，衣前后，襜如也。趋进，翼如也。宾退，必复命曰："宾不顾矣。"**

◎ **注释**

摈：动词，负责招待国君的官员。
色勃如也：脸色立即庄重起来。
躩：脚步快的样子。
襜：整齐之貌。
翼如也：如鸟儿展翅一样。

◎ **译文**

国君召孔子去接待宾客，孔子脸色立即庄重起来，脚步也快起来，他向和他站在一起的人作揖，手向左或向右作揖，衣服前后摆动，却整齐不乱。快步走的时候，像鸟儿展开双翅一样。宾客走后，必定向君主回报说："客人已经不回头张望了。"

◎ **直播课堂**

在"宗庙朝廷"及"朝见"这些重大场合要特别注意言行举止，而对于国家间的交往也应当极其重视，而这些内容也是当时政治生活中的重要内容。当然期间的礼仪规定已经很难考实了，但是其要点还是可以理解的。

## 色斯举矣，翔而后集

◎ 我是主持人

这里似乎是在游山观景，其实孔子是有感而发。

◎ 原文

**色斯举矣，翔而后集。**曰："山梁雌雉，时哉时哉！"子路共之，三嗅而作。

◎ 注释

色斯举矣：色，脸色。举，鸟飞起来。

翔而后集：飞翔一阵，然后落到树上。鸟群停在树上叫"集"。

山梁雌雉：聚集在山梁上的野母鸡。

时哉时哉：得其时呀！得其时呀！这是说野鸡时运好，能自由飞翔，自由落下。

共：同"拱"。

三嗅而作：嗅应为臭字之误。臭，鸟张开两翅。一本作"戛"字，鸟的长叫声。

◎ 译文

孔子在山谷中行走，看见一群野鸡在那儿飞，孔子神色动了一下，野鸡飞翔了一阵落在树上。孔子说："这些山梁上的野母鸡，得其时呀！得其时呀！"子路向它们拱拱手，野鸡便叫了几声飞走了。

◎ 直播课堂

孔子感到山谷里的野鸡能够自由飞翔，自由落下，这是"得其时"，而自己却不得其时，东奔西走，却没有获得普遍响应。因此，他看到野鸡时，神色动了一下，随之发出了这样的感叹。

## 先进于礼乐，野人也

◎ 我是主持人

那些本来没有爵禄的平民，他们在当官以前已经全面系统地学习了礼乐知识，然后就知道怎样为官，怎样当一个好官。

◎ 原文

子曰："先进于礼乐，野人也；后进于礼乐，君子也。如用之，则吾从先进。"

◎ 注释

先进：指先学习礼乐而后再做官的人。
野人：朴素粗鲁的人或指乡野平民。
后进：先做官后学习礼乐的人。
君子：这里指统治者。

◎ 译文

孔子说："先学习礼乐而后再做官的人，是原来没有爵禄的平民；先当了官然后再学习礼乐的人，是君子。如果要先用人才，那我主张选用先学习礼乐的人。"

## ◎ 直播课堂

在西周时期，人们因社会地位和居住地的不同，就有了贵族、平民和乡野之人的区分。孔子这里认为，那些先当官，即原来就有爵禄的人，在为官以前，没有接受礼乐知识的系统教育，还不知道怎样为官，便当上了官。这样的人是不可选用的。

# 德行政事

## ◎ 我是主持人

关于"孔子四科"之内容有两种说法，一是《论语·述而》载曰："子以四教：文、行、忠、信。"二是更多学者将德行、政事、文学、言语，视为"孔子四科"。

## ◎ 原文

子曰："从我于陈蔡者，皆不及门也。德行：颜渊、闵子骞、冉伯牛、仲弓。言语：宰我、子贡。政事：冉有、季路。文学：子游、子夏。"

## ◎ 注释

德行：指能实行孝悌、忠恕等道德。
言语：指善于辞令，能办理外交。
政事：指能从事政治事务。
文学：指通晓诗书礼乐等古代文献。

## ◎ 译文

孔子说："曾跟随我从陈国到蔡地去的学生，现在都不在我身边受教了。弟子中德行好的是颜渊、闵子骞、冉伯牛、仲弓。善于辞令的是宰我、子贡。擅长政事的是冉有、季路。通晓文献知识的是子游、子夏。"

◎ 直播课堂

"孔子四科"主要是强调孔子学生在四个方面有优长表现,并不是说他教学内容只限于这四类。

## 回也非助我者也

◎ 我是主持人

这里,孔子说颜回"非助我者",并不是责备颜回,而是在得意地赞许他。

◎ 原文

子曰:"回也非助我者也,于吾言无所不说。"

◎ 译文

孔子说:"颜回不是对我有帮助的人,他对我说的话没有不心悦诚服的。"

◎ 直播课堂

颜回是孔子得意门生之一,在孔子面前始终是服服帖帖、毕恭毕敬的,对于孔子的学说深信不疑、全面接受。所以,孔子多次赞扬颜回。

# 南容三复白圭

◎ **我是主持人**

儒家从孔子开始,极力提倡"慎言",不该说的话绝对不说。

◎ **原文**

**南容三复白圭,孔子以其兄之子妻之。**

◎ **注释**

白圭:指《诗经·大雅·抑之》的诗句:"白圭之玷,尚可磨也,斯言之玷,不可为也"意思是白玉上的污点还可以磨掉,我们言论中有毛病,就无法挽回了。这是告诫人们要谨慎自己的言语。

◎ **译文**

南容反复诵读"白圭之玷,尚可磨也;斯言不玷,不可为也"的诗句。孔子把侄女嫁给了他。

◎ **直播课堂**

白玉被玷污了,还可以把它磨掉,而说错了的话,则无法挽回。告诫人们言语要谨慎。这里,孔子把自己的侄女嫁给了南容,表明他很欣赏南容慎言的作风。

## 有颜回者好学

◎ **我是主持人**

本则讲述孔子对颜回的评价,以及对颜回的怀念。颜回是孔子最为得意的弟子之一。

◎ **原文**

季康子问:"弟子孰为好学?"孔子对曰:"有颜回者好学,不幸短命死矣,今也则亡。"

◎ **译文**

季康子问孔子:"你的学生中谁是好学的?"孔子回答说:"有一个叫颜回的学生很好学,不幸短命死了。现在再也没有像他那样的了。"

◎ **直播课堂**

孔子曾多次表扬颜回好学。可见,学习是孔子思想中非常重要的一个观点。因此,谈到好学,孔子首先想到了他的弟子颜回。

## 才不才,亦各言其子也

◎ **我是主持人**

颜渊是孔子的得意门生。孔子多次高度称赞颜渊,认为他有很好的品德，又好学上进。

◎ 原文

　　颜渊死，颜路请子之车以为之椁。子曰："才不才，亦各言其子也。鲤也死，有棺而无椁。吾不徒行以为之椁。以吾从大夫之后，不可徒行也。"

◎ 注释

　　颜路：颜无繇，字路，颜渊的父亲，也是孔子的学生，生于公元前545年。

　　椁：古人所用的棺材，内为棺，外为椁。

　　鲤：孔子的儿子，字伯鲁，死时五十岁，孔子七十岁。

　　从大夫之后：跟随在大夫们的后面，意即当过大夫。孔子在鲁国曾任司寇，是大夫一级的官员。

◎ 译文

　　颜渊死了，他的父亲颜路请求孔子卖掉车子，给颜渊买个外椁。孔子说："虽然颜渊和孔鲤一个有才一个无才，但各自都是自己的儿子。孔鲤死的时候，也是有棺无椁。我没有卖掉自己的车子步行而给他买椁。因为我还跟随在大夫之后，是不可以步行的。"

◎ 直播课堂

　　颜渊死了，他的父亲颜路请孔子卖掉自己的车子，给颜渊买椁。尽管孔子十分悲痛，但他却不愿意卖掉车子。因为他曾经担任过大夫一级的官员，而大夫必须有自己的车子，不能步行，否则就违背了礼的规定。这反映了孔子对礼的严谨态度。

# 天丧予

◎ 我是主持人

儒门讲究中庸，什么都要适度，包括对感情的表达，所以是反对像野人一样的狂怒、狂喜或是喜怒无常的。

◎ 原文

**颜渊死，子曰："噫！天丧予！天丧予！"**

◎ 译文

颜渊死了，孔子说："唉！是老天爷真要我的命呀！是老天爷真要我的命呀！"

◎ 直播课堂

孔子认为对于利义忠信、孝悌都要发自内心，都应该是内心情感的忠实流露，而不是为了做善行而勉为其难为之的。在颜渊死的时候，孔子悲怆至极，也就顾不得讲感情的流露要适度了。所以，情有的时候占的分量要比理重。然而后世的儒门弟子却未必像孔子本人这般真性情。

# 回也视予犹父也

◎ 我是主持人

孔子说："予不得视犹子也"，这句话的意思是，不能像对待自己亲生的儿子那样，按照礼的规定，对他予以安葬。

◎ **原文**

颜渊死，门人欲厚葬之，子曰："不可。"门人厚葬之。子曰："回也视予犹父也，予不得视犹子也。非我也，夫二三子也。"

◎ **注释**

厚葬：隆重地安葬。
予不得视犹子也：我不能把他当亲生儿子一样看待。
夫：语助词。

◎ **译文**

颜渊死了，孔子的学生们想要隆重地安葬他。孔子说："不能这样做。"学生们仍然隆重地安葬了他。孔子说："颜回把我当父亲一样看待，我却不能把他当亲生儿子一样看待。这不是我的过错，是那些学生们干的呀。"

◎ **直播课堂**

孔子的学生仍隆重地埋葬了颜渊，孔子说，这不是自己的过错，而是学生们做的。这仍是表明孔子遵从礼的原则，即使是在厚葬颜渊的问题上，仍是如此。

## 季路问事鬼神

◎ **我是主持人**

孔子这里讲的"事人"，指事奉君父。在君父活着的时候，如果不能尽忠尽孝，君父死后也就谈不上孝敬鬼神，他希望人们能够忠君孝父。

◎ 原文

　　季路问事鬼神。子曰："未能事人，焉能事鬼？"曰："敢问死。"曰："未知生，焉知死？"

◎ 译文

　　季路问怎样去侍奉鬼神。孔子说："没能事奉好人，怎么能事奉鬼呢？"季路说："请问死是怎么回事？"孔子回答说："还不知道活着的道理，怎么能知道死后之事呢？"

◎ 直播课堂

　　本则表明了孔子在鬼神、生死问题上的基本态度，他不信鬼神，也没有把注意力放在来世或死后的情形上。在君父生前要尽忠尽孝，至于对待鬼神就不必多提了。这则为他所说的"敬鬼神而远之"做了注脚。

# 闵子侍侧，訚訚如也

◎ 我是主持人

　　本则讲述了孔子的师生之情。师之爱生，人之常情。

◎ 原文

　　闵子侍侧，訚訚如也；子路，行行如也；冉有、子贡，侃侃如也。子乐。"若由也，不得其死然。"

◎ 注释

　　訚訚：和颜悦色的样子。
　　行行：刚强的样子。
　　侃侃：说话理直气壮。

◎ 译文

　　闵子骞侍立在孔子身旁，一副和悦而温顺的样子；子路是一副刚强的样子；冉有、子贡是温和快乐的样子。孔子高兴了。但孔子又说："像仲由这样，只怕不得好死吧！"

◎ 直播课堂

　　子路这个人有勇无谋，尽管他非常刚强。孔子一方面为他的这些学生各有特长而高兴，但又担心子路，唯恐他不会有好的结果。孔子的这种担心，就说明了这一点。

# 鲁人为长府

◎ 我是主持人

　　本则讲述的是孔子对于人的言行上的观点。不言则已，言必有中，正是孔子一向倡导的"谨言"精神。

◎ 原文

　　**鲁人为长府。闵子骞曰："仍旧贯，如之何？何必改作？"子曰："夫人不言，言必有中。"**

◎ 注释

　　鲁人：这里指鲁国的当权者。这就是人和民的区别。
　　为长府：为，这里是改建的意思。藏财货、兵器等的仓库叫"府"，长府是鲁国的国库名。
　　仍旧贯：沿袭老样子。
　　夫人：这个人。

◎ **译文**

鲁国翻修国库。闵子骞道:"照老样子下去,怎么样?何必改建呢?"孔子道:"这个人平日不大开口,一开口就说到要害上。"

◎ **直播课堂**

对于言谈来说,孔子的思想不乏深刻的论述。然而,在本则中孔子特别提到了闵子骞的"谨言",这说明了孔子对他的赞美与欣赏。

# 门人不敬子路

◎ **我是主持人**

孔子对学生的态度应该讲是比较客观的,有成绩就表扬,有过错就批评,让学生认识到自己的不足,同时又树立起信心,争取更大的成绩。

◎ **原文**

子曰:"由之瑟奚为于丘之门?"门人不敬子路。子曰:"由也升堂矣,未入于室也。"

◎ **注释**

瑟:一种古乐器,与古琴相似。

奚为于丘之门:奚,为什么。为,弹。为什么在我这里弹呢?

升堂入室:堂是正厅,室是内室,用以形容学习程度的深浅。

◎ **译文**

孔子说:"仲由弹瑟,为什么在我这里弹呢?"孔子的学生们因此都不尊敬子路。孔子便说:"仲由嘛,他在学习上已经达到升堂的程度了,只是还没有入室罢了。"

◎ 直播课堂

　　这一段文字记载了孔子对子路的评价。他先是用责备的口气批评子路，当其他门人都不尊敬子路时，他便改口说子路已经登堂尚未入室。这是就演奏乐器而言的。

# 师也过，商也不及

◎ 我是主持人

　　本则中，子张做得过分、子夏做得不足，两人都不好，所以孔子对此二人的评价就是"过犹不及"。

◎ 原文

　　子贡问："师与商也孰贤？"子曰："师也过，商也不及。"曰："然则师愈与？"子曰："过犹不及。"

◎ 注释

　　师与商：师，颛孙师，即子张。商，卜商，即子夏。
　　愈：胜过，强些。

◎ 译文

　　子贡问孔子："子张和子夏二人谁更好一些呢？"孔子回答说："子张过分，子夏不足。"子贡说："那么是子张好一些吗？"孔子说："过分和不足是一样的。"

◎ 直播课堂

　　"过犹不及"即中庸思想的具体说明。《中庸》说，过犹不及为中。"道之不行也，我知之矣。知者过之，愚者不及也。道之不明也，我知之矣。贤者过之，不肖者不及也。""执其两端，用其中于民，其斯以为舜乎？"这就是说，舜于两端取其中，既非过，也非不及，以中道教化百姓，所以为大圣。这就是对本章孔子"过犹不及"的具体解释。

## 回也其庶乎，屡空

◎ **我是主持人**

这一则，孔子对颜回学问和道德接近于完善却在生活上常常贫困深感遗憾。

◎ **原文**

子曰："回也其庶乎，屡空。赐不受命，而货殖焉，亿则屡中。"

◎ **注释**

庶：庶几，相近。这里指颜渊的学问道德接近于完善。
空：贫困、匮乏。
货殖：做买卖。
亿：同"臆"，猜测，估计。

◎ **译文**

孔子说："颜回的学问道德接近于完善了吧，可是他一直贫困。子贡不安于本分，去做买卖，猜测行情，往往猜中了。"

◎ **直播课堂**

孔子对子贡不听命运的安排去经商致富反而感到不满，这在孔子看来，是极其不公正的。孔子对待学生有着严格的要求，因此，他对子贡的行为相当不满。

# 子张问善人之道

◎ 我是主持人

本则讲述了孔子思想中的修养和学问的问题。孔子认为一个人必须沿袭古人的思想去学习，这样才能有所成就。

◎ 原文

子张问善人之道，子曰："不践迹，亦不入于室。"

◎ 注释

善人：指本质善良但没有经过学习的人。
践迹：迹，脚印。踩着前人的脚印走。
入于室：比喻学问和修养达到了精深地步。

◎ 译文

子张问做善人的方法。孔子说："如果不沿着前人的脚印走，其学问和修养就不到家。"

◎ 直播课堂

对于做学问来说，孔子的思想中一直教导人们要勤奋努力。我们在生活中要像孔子所说的，修养和学问必须要脚踏实地。

# 论笃是与

◎ **我是主持人**

孔子希望他的学生们不但要说话笃实诚恳,而且要言行一致。

◎ **原文**

子曰:"论笃是与,君子者乎?色庄者乎?"

◎ **注释**

论笃是与:论,言论。笃,诚恳。与,赞许。意思是对说话笃实诚恳的人表示赞许。

◎ **译文**

孔子说:"听到人议论笃实诚恳就表示赞许,但还应看他是真君子呢?还是伪装庄重的人呢?"

◎ **直播课堂**

孔子在观察别人的时候,不仅要看他说话时诚恳的态度,而且要看他的行动。言行一致才是真君子。

## 由也兼人，故退之

◎ 我是主持人

在这一则中，孔子要自己的学生不要退缩，也不要过头冒进，要进退适中。

◎ 原文

子路问："闻斯行诸？"子曰："有父兄在，如之何其闻斯行之？"冉有问："闻斯行诸？"子曰："闻斯行之。"公西华曰："由也问闻斯行诸，子曰，'有父兄在'；求也问闻斯行诸，子曰，'闻斯行之'。赤也惑，敢问。"子曰："求也退，故进之；由也兼人，故退之。"

◎ 注释

诸："之乎"二字的合音。
兼人：好勇过人。

◎ 译文

子路问："听到了就行动起来吗？"孔子说："有父兄健在，怎么能听到就行动起来呢？"冉有问："听到了就行动起来吗？"孔子说："听到了就行动起来。"公西华说："仲由问'听到了就行动起来吗？'您回答说'有父兄健在不能这么做'，冉有问'听到了就行动起来吗？'您回答'听到了就行动起来'。两个人问题相同，而您的答案却相反，我被弄糊涂了，想再问个明白。"孔子说："冉有总是退缩，所以我鼓励他；仲由好勇过人，所以我约束他。"

◎ 直播课堂

　　这是孔子把中庸思想贯穿于教育实践中的一个具体事例。所以，对于同一个问题，孔子针对子路与冉有的不同情况作了不同回答。同时也生动地反映了孔子教育方法的一个特点，即因材施教。

## 子畏于匡，颜渊后

◎ 我是主持人

　　本则讲述了孔子和颜渊的师生情谊。从文中我们看到了孔子对待学生的态度。

◎ 原文

　　子畏于匡，颜渊后。子曰："吾以女为死矣。"曰："子在，回何敢死？"

◎ 译文

　　孔子在匡地受到当地人围困，颜渊最后才逃出来。孔子说："我以为你已经死了呢。"颜渊说："夫子还活着，我怎么敢死呢？"

◎ 直播课堂

　　从本则的论述来说，我们看到了孔子和学生的情谊。我们也可以感到师生情谊给我们带来的感动。

## 弑父与君，亦不从也

◎ **我是主持人**

在这则中，孔子既要求臣，也要求君，双方都应遵循道和礼。如果季氏干杀父杀君的事，冉求和仲由就要加以反对。

◎ **原文**

季子然问："仲由、冉求可谓大臣与？"子曰："吾以子为异之问，曾由与求之问。所谓大臣者，以道事君，不可则止。今由与求也，可谓具臣矣。"曰："然则从之者与？"子曰："弑父与君，亦不从也。"

◎ **注释**

季子然：鲁国季氏的同族人。

曾：乃。

具臣：普通的臣子。

之：代名词，这里指季氏。当时冉求和子路都是季氏的家臣。

◎ **译文**

季子然问："仲由和冉求可以算是大臣吗？"孔子说："我以为你是问别人，原来是问仲由和冉求呀。所谓大臣者，用道义来侍奉君主，如果这样还是不行，那他宁愿辞职不干了。现在仲由和冉求这两个人，只能算是充数的臣子罢了。"季子然说："那么他们会一切都跟着季氏干吗？"孔子说："杀父亲、杀君主的事，他们也不会跟着干的。"

◎ **直播课堂**

孔子这里指出"以道事君"的原则，他告诫冉求和仲由应当用周公之

道去规劝季氏，不要犯上作乱，如果季氏不听，就辞职不干。由此可见，孔子对待君臣关系以道和礼为准绳的。

## 子路使子羔为费宰

◎ 我是主持人

本则讲述了孔子对于学习的看法，值得我们研究学习。

◎ 原文

**子路使子羔为费宰。子曰："贼夫人之子。"子路曰："有民人焉，有社稷焉，何必读书，然后为学?"子曰："是故恶夫佞者。"**

◎ 注释

贼：害。

夫人之子：指子羔。孔子认为他没有经过很好的学习就去从政，这会害了他自己的。

社稷：社，土地神。稷，谷神。这里"社稷"指祭祀土地神和谷神的地方，即社稷坛。古代国都及各地都设立社稷坛，分别由国君和地方长官主祭，故社稷成为国家政权的象征。

◎ 译文

子路让子羔去作费地的长官。孔子说："这简直是害人子弟。"子路说："那个地方有老百姓，有社稷，治理百姓和祭祀神灵都是学习，难道一定要读书才算学习吗？"孔子说："所以我讨厌那种花言巧语狡辩的人。"

◎ 直播课堂

我们可以从本则中看到孔子在学习方面的思想。孔子特别提到了子路的看法，让我们从中得到了深刻的见解，受益匪浅。

# 司马牛问仁

◎ **我是主持人**

"其言也讱"是孔子对于那些希望成为仁人所提出的要求之一。

◎ **原文**

司马牛问仁。子曰："仁者，其言也讱。"曰："其言也讱，斯谓之仁已乎？"子曰："为之难，言之得无讱乎？"

◎ **注释**

司马牛：姓司马，名耕，字子牛，孔子的学生。
讱：话难说出口。这里引申为说话谨慎。
斯：就。

◎ **译文**

司马牛问怎样做才是仁。孔子说："仁人说话是慎重的。"司马牛说："说话慎重，这就叫作仁了吗？"孔子说："做起来很困难，说起来能不慎重吗？"

◎ **直播课堂**

"仁者"，其言行必须慎重，行动必须认真，一言一行都符合周礼。所以，这里的"讱"是为"仁"服务的，为了"仁"，就必须"讱"。

# 司马牛问君子

## ◎ 我是主持人

本则中,孔子提到了如何做人的思想。一个君子,他所做的事情必然是问心无愧的,是正大光明的。

## ◎ 原文

**司马牛问君子。子曰:"君子不忧不惧。"**曰:"不忧不惧,斯谓之君子已乎?"子曰:"内省不疚,夫何忧何惧?"

## ◎ 译文

司马牛问怎样做一个君子。孔子说:"君子不忧愁,不恐惧。"司马牛说:"不忧愁,不恐惧,这样就可以叫作君子了吗?"孔子说:"自己问心无愧,那还有什么忧愁和恐惧呢?"

## ◎ 直播课堂

据说司马牛是宋国大夫桓魋的弟弟。桓魋在宋国"犯上作乱",遭到宋国当权者的打击,全家被迫出逃。司马牛逃到鲁国,拜孔子为师,并声称桓魋不是他的哥哥。所以这一则里,孔子回答司马牛问怎样做才是君子的问题,这是有针对性的,即不忧不惧、问心无愧。

## 死生有命，富贵在天

◎ 我是主持人

在这里，子夏同样劝慰司马牛，说只要自己的言行符合于"礼"，那就会赢得天下人的称赞，就不必发愁自己没有兄弟，可谓"四海之内皆兄弟也。"

◎ 原文

司马牛忧曰："人皆有兄弟，我独亡。"子夏曰："商闻之矣：'死生有命，富贵在天。'君子敬而无失，与人恭而有礼，四海之内，皆兄弟也。君子何患乎无兄弟也？"

◎ 译文

司马牛忧愁地说："别人都有兄弟，唯独我没有。"子夏说："我听说过：'死生有命，富贵在天。'君子只要对待所做的事情严肃认真，不出差错，对人恭敬而合乎于礼的规定，那么，天下人就都是自己的兄弟了。君子何愁没有兄弟呢？"

◎ 直播课堂

司马牛宣布他不承认桓魋是他的哥哥，这与儒家一贯倡导的"悌"的观念是相违背的。但由于他的哥哥"犯上作乱"，因而孔子没有责备他，子夏反而劝他不要忧愁，不要恐惧，只要内心无愧就是做到了"仁"。

# 子张问明

## ◎ 我是主持人
本则中孔子认为,做人要做到胸襟宽广、心态坦然,就是一个堂堂正正之人,在别人看来就是一个可信赖之人。

## ◎ 原文
子张问明:子曰:"浸润之谮,肤受之愬,不行焉,可谓明也已矣。浸润之谮,肤受之愬,不行焉,可谓远也已矣。"

## ◎ 注释
浸润之谮:谮,谗言。这是说像水那样一点一滴地渗进来的谗言,不易觉察。

肤受之愬:愬,诬告。这是说像皮肤感觉到疼痛那样的诬告,即直接的诽谤。

远:明之至,明智的最高境界。

## ◎ 译文
子张问怎样做才算是明晓通达事理,明辨是非。孔子说:"像水润物那样暗中挑拨的坏话,像切肤之痛那样直接的诽谤,在你那里都行不通,那你可以算是明智的了。暗中挑拨的坏话和直接的诽谤,在你那里都行不通,那你可以算是有远见的了。"

## ◎ 直播课堂
一般的人往往对耿直之言很容易产生反感,但对"浸润之谮,肤受之愬"却往往丧失警惕,从而陷入对方设下的圈套。能做到"忠言逆耳"就已经很不错了，就已经是一位在别人看来很明智的人了，但在孔子看来，要真正做到明智之举，必须达到自己不行"浸润之谮，肤受之愬"，别人也休想在自己跟前行"浸润之谮，肤受之愬"这样的境界。

# 子贡问政

◎ **我是主持人**

本则里孔子回答了子贡问政中所连续提出的三个问题，其实是问为政的本质问题。孔子的回答非常具体，是理解孔子政治思想的很好依据。

◎ **原文**

子贡问政。子曰："足食，足兵，民信之矣。"子贡曰："必不得已而去，于斯三者何先？"曰："去兵。"子贡曰："必不得已而去，于期二者何先？"曰："去食。自古皆有死，民无信不立。"

◎ **译文**

子贡问怎样治理国家。孔子说，"粮食充足，军备充足，老百姓信任统治者。"子贡说："如果不得不舍弃一项，那么在三项中先舍弃哪一项呢？"孔子说："舍弃军备。"子贡说："如果不得不再舍弃一项，那么这两项中舍弃哪一项呢？"孔子说："舍弃粮食。自古以来人总是要死的，如果老百姓对统治者不信任，那么国家就不能存在了。"

◎ **直播课堂**

孔子认为，治理一个国家，应当具备三个起码条件：食、兵、信。但这三者当中，信是最重要的。只拥有兵和食，而百姓对统治者不信任，那这样的国家也就不能存在下去了。

# 文犹质也，质犹文也

◎ 我是主持人

良好的本质应当有适当的表现形式，否则，本质再好，也无法显现出来。

◎ 原文

棘子成曰："君子质而已矣，何以文为？"子贡曰："惜乎夫子之说君子也！驷不及舌。文犹质也，质犹文也，虎豹之鞟犹犬羊之鞟。"

◎ 注释

棘子成：卫国大夫。古代大夫都可以被尊称为夫子，所以子贡这样称呼他。

驷不及舌：驷，拉一辆车的四匹马。指话一说出口，就收不回来了。

鞟：去掉毛的皮，即革。

◎ 译文

棘子成说："君子只要具有高尚的品质就行了，要那些表面的仪式干什么呢？"子贡说："真遗憾，夫子您这样谈论君子。一言既出，驷马难追。本质就像文采，文采就像本质，都是同等重要的。去掉了毛的虎、豹皮，就如同去掉了毛的犬、羊皮一样。"

◎ 直播课堂

这里是讲表里一致的问题。棘子成认为作为君子只要有高尚的品质就可以了，不须外表的修饰。但子贡反对这种说法。

## 哀公问于有若

◎ **我是主持人**

这一则反映了儒家学派的经济思想，其核心是"富民"思想。

◎ **原文**

哀公问于有若曰："年饥，用不足，如之何？"有若对曰："盍彻乎？"曰："二，吾犹不足，如之何其彻也？"对曰："百姓足，君孰与不足？百姓不足，君孰与足？"

◎ **注释**

盍彻乎：盍，何不。彻，西周奴隶主国家的一种田税制度。旧注曰："什一而税谓之彻。"

二：抽取十分之二的税。

◎ **译文**

鲁哀公问有若说："遭了饥荒，国家用度困难，怎么办？"有若回答说："为什么不实行彻法，只抽十分之一的田税呢？"哀公说："现在抽十分之二，我尚且不够用，怎么能实行彻法呢？"有若说："如果百姓的用度够，您怎么会不够呢？如果百姓的用度不够，您怎么又会够呢？"

◎ **直播课堂**

鲁国所征的田税是十分之二的税率，即使如此，国家的财政仍然是十分紧张的。这里，有若的观点是，削减田税的税率，改行"彻税"即抽十分之一的税，使百姓减轻经济负担。只要百姓富足了，国家就不可能贫穷。反之，如果对百姓征收过甚，这种短期行为必将使民不聊生，国家经济也就随之衰退了。这种以"富民"为核心的经济思想有其值得借鉴的价值。

# 子张问崇德辨惑

## ◎ 我是主持人

本则里，孔子谈的主要是个人的道德修养问题。他希望人们按照"忠信""仁义"的原则去办事，否则，感情用事，就会陷于迷惑之中。

## ◎ 原文

子张问崇德辨惑。子曰："主忠信，徙义，崇德也。爱之欲其生，恶之欲其死，既欲其生，又欲其死，是惑也。'诚不以富，亦祗以异。'"

## ◎ 注释

崇德：提高道德修养的水平。

惑：迷惑，不分是非。

徙义：徙，迁移。向义靠拢。

诚不以富，亦祗以异：这是《诗经·小雅·我行其野篇》的最后两句。此诗表现了一个被遗弃的女子对其丈夫喜新厌旧的愤怒情绪。孔子在这里引此句，令人费解。

## ◎ 译文

子张问怎样提高道德修养水平和辨别是非的能力。孔子说："以忠信为主，使自己的思想合于义，这就是提高道德修养水平了。爱一个人，就希望他活下去，厌恶起来就恨不得他立刻死去，既要他活，又要他死，这就是迷惑。正如《诗经》所说'即使不是嫌贫爱富，也是喜新厌旧。'"

◎ 直播课堂

如何成为道德高尚的人？这是我们每个人都特别关注的问题。在本则，孔子讲述了一个道德高尚的人应该做的事情，值得我们去深入研习。

## 齐景公问政于孔子

◎ 我是主持人

本则讲述了治理国家的问题。孔子认为国家的治理应该将等级制度恢复，这样才能保证国家的和平。

◎ 原文

**齐景公问政于孔子。孔子对曰："君君、臣臣、父父、子子。"公曰："善哉！信如君不君，臣不臣，父不父，子不子，虽有粟，吾得而食诸？"**

◎ 注释

齐景公：姓姜，吕氏，名杵臼，齐国国君，公元前547—公元前490年在位。

◎ 译文

齐景公问孔子如何治理国家。孔子说："做君主的要像君的样子，做臣子的要像臣的样子，做父亲的要像父亲的样子，做儿子的要像儿子的样子。"齐景公说："讲得好呀！如果君不像君，臣不像臣，父不像父，子不像子，虽然有粮食，我能吃得上吗？"

◎ 直播课堂

春秋时期的社会变动，使当时的等级名分受到破坏，弑君杀父之事屡有发生，孔子认为这是国家动乱的主要原因。所以他告诉齐景公，"君君、臣臣、父父、子子"，恢复这样的等级秩序，国家就可以得到治理。

# 片言可以折狱者

## ◎ 我是主持人

仅仅通过单方面的言论就可以判断事情，这在今天是不可取的。本则孔子谈到仲由的这种做法，有褒奖的意思。

## ◎ 原文

子曰："片言可以折狱者，其由也与？"子路无宿诺。

## ◎ 注释

片言：诉讼双方中一方的言辞，即片面之辞，古时也叫"单辞"。
折狱：狱，案件。即断案。
其由也与：大概只有仲由吧。
宿诺：宿，久。拖了很久而没有兑现的诺言。

## ◎ 译文

孔子说："只听了单方面的供词就可以判决案件的，大概只有仲由吧。"子路说话没有不算数的时候。

## ◎ 直播课堂

仲由可以以"片言"而"折狱"，这是为什么？历来有这样几种解释。一说子路明决，凭单方面的陈述就可以作出判断；二说子路为人忠信，人们都十分信服他，所以有了纠纷都在他面前不讲假话，所以凭一面之辞就可以明辨是非；三说子路忠信，他所说的话绝无虚假，所以只听其中一面之辞，就可以断定案件。但无论哪种解释，都可以证明子路在刑狱方面是卓有才干的。

# 听讼，吾犹人也

◎ 我是主持人

从政为官历来都是人们所向往的。孔子在本则中讲述的就是从政的方法。

◎ 原文

子曰："听讼，吾犹人也。必也使无讼乎！"

◎ 注释

听讼：讼，诉讼。审理诉讼案件。

使无讼：使人们之间没有诉讼案件之事。

◎ 译文

孔子说："审理诉讼案件，我同别人也是一样的。重要的是必须使诉讼的案件根本不发生！"

◎ 直播课堂

对于审理案件，孔子说出了自己的看法。他认为自己和其他人的方式是一样的，最为关键的应该是如何避免案件的发生。可见，孔子依然是在宣扬他的仁德思想。

# 子张问政

◎ **我是主持人**

在本则中，孔子借回答问题，指出各级统治者身居官位，就要勤政爱民。

◎ **原文**

子张问政。子曰："居之无倦，行之以忠。"

◎ **译文**

子张问如何治理政事。孔子说："居于官位不懈怠，执行君令要忠实。"

◎ **直播课堂**

以仁德的规定要求自己，以礼的原则治理国家和百姓，通过教化的方式消除民间的诉讼纠纷，执行君主之令要切实努力，这样才能做一个好官。

# 季康子问政

◎ **我是主持人**

为人正直，这是孔子非常看重的为人标准。他要求他的学生必须做到这一点，同时也是孔子思想的体现。

◎ 原文

季康子问政于孔子。孔子对曰："政者正也。子帅以正，孰敢不正？"

◎ 译文

季康子问孔子如何治理国家。孔子回答说："政就是正的意思。您本人带头走正路，那么还有谁敢不走正道呢？"

◎ 直播课堂

无论为人还是为官，首在一个"正"字。孔子政治思想中，对为官者要求十分严格，正人先正己。只要身居官职的人能够正己，那么手下的大臣和平民百姓，就都会归于正道。

# 如杀无道，以就有道

◎ 我是主持人

在本则中孔子又一次提出了自己的德政思想，一切不重视老百姓生活的政治都不能够长久。

◎ 原文

季康子问政于孔子曰："如杀无道，以就有道，何如？"孔子对曰："子为政，焉用杀？子欲善而民善矣。君子之德风，人小之德草，草上之风，必偃。"

◎ 注释

无道：指无道的人。

有道：指有道德品质的人。
草上之风：指风加之于草。
偃：仆，倒。

◎ 译文

季康子问孔子如何治理政事，说："如果杀掉无道的人来成全有道的人，怎么样？"孔子说："您治理政事，哪里用得着杀戮的手段呢？您只要想行善，老百姓也会跟着行善。在位者的品德好比风，在下的人的品德好比草，风吹到草上，草就必定跟着倒。"

◎ 直播课堂

孔子反对杀人，主张"德政"。在上位的人只要善理政事，百姓就不会犯上作乱。这里讲的人治，是有仁德者的所为。那些暴虐的统治者滥行无道，必然会引起百姓的反对。

## 在邦必闻，在家必闻

◎ 我是主持人

本则中孔子提出了一对相互对立的名词，即"闻"与"达"。

◎ 原文

子张问："士何如斯可谓之达矣？"子曰："何哉，尔所谓达者？"子张对曰："在邦必闻，在家必闻。"子曰："是闻也，非达也。夫达也者，质直而好义，察言而观色，虑以下人。在邦必达，在家必达。夫闻也者，色取仁而行违，居之不疑。在邦必闻，在家必闻。"

◎ 注释

达：通达，显达。

闻：有名望。

下人：下，动词。对人谦恭有礼。

◎ 译文

子张问："士怎样才可以叫作通达?"孔子说："你说的通达是什么意思?"子张答道："在国君的朝廷里必定有名望，在大夫的封地里也必定有名声。"孔子说："这只是虚假的名声，不是通达。所谓达，那是要品质正直，遵从礼义，善于揣摩别人的话语，观察别人的脸色，经常想着谦恭待人。这样的人，就可以在国君的朝廷和大夫的封地里通达。至于有虚假名声的人，只是外表上装出的仁的样子，而行动上却正是违背了仁，自己还以仁人自居不惭愧。但他无论在国君的朝廷里和大夫的封地里都必定会有名声。"

◎ 直播课堂

"闻"是虚假的名声，并不是显达；而"达"则要求士大夫必须从内心深处具备仁、义、礼的德性，注重自身的道德修养，而不仅是追求虚名。这里同样讲的是名实相符，表里如一的问题。

# 樊迟问仁

◎ 我是主持人

本则谈了两个问题，一是仁，二是智。在历史上，许多贤能之才不但没有被选拔反而受到压抑，而一些奸佞之人却平步青云，这说明真正做到智并不容易。

◎ 原文

樊迟问仁。子曰："爱人。"问知。子曰："知人。"樊迟未达。子曰："举直错诸枉，能使枉者直。"樊迟退，见子夏曰："乡也吾见于夫子而问知，子曰'举直错诸枉，能使枉者直'，何谓也?"子夏曰："富哉言乎！舜有天下，选于众，举皋陶，不仁者远矣。汤有天下，选于众，举伊尹，不仁者远矣。"

◎ 注释

举直错诸枉：错，同"措"，放置。诸，这是"之于"二字的合音。枉，不正直，邪恶。意为选拔直者，罢黜枉者。

乡：同"向"，过去。

皋陶：传说中舜时掌握刑法的大臣。

远：动词，远离，远去。

汤：商朝的第一个君主，名履。

伊尹：汤的宰相，曾辅助汤灭夏兴商。

◎ 译文

樊迟问什么是仁。孔子说："爱人。"樊迟问什么是智，孔子说："了解人。"樊迟还不明白。孔子说："选拔正直的人，罢黜邪恶的人，这样就能使邪者归正。"樊迟退出来，见到子夏说："刚才我见到老师，问他什么是智，他说'选拔正直的人，罢黜邪恶的人，这样就能使邪者归正'。这是什么意思?"子夏说："这话说得多么深刻呀！舜有天下，在众人中挑选人才，把皋陶选拔出来，不仁的人就被疏远了。汤有了天下，在众人中挑选人才，把伊尹选拔出来，不仁的人就被疏远了。"

◎ 直播课堂

关于仁，孔子对樊迟的解释似乎与别处不同，说是"爱人"，实际上孔子在各处对仁的解释都有内在的联系。他所说的爱人，包含有古代的人文主义精神，把仁作为他全部学说的对象和中心。正如著名学者张岂之先生所说，儒学即仁学，仁是人的发现。关于智，孔子认为是要了解人，选拔贤才，罢黜邪才。

# 子贡问友

◎ **我是主持人**

在人伦关系中,"朋友"一伦是最松弛的一种。朋友之间讲求一个"信"字,这是维系双方关系的纽带。

◎ **原文**

子贡问友。子曰:"忠告而善道之,不可则止,毋自辱也。"

◎ **译文**

子贡问怎样对待朋友。孔子说:"忠诚地劝告他,恰当地引导他,如果不听也就罢了,不要自取其辱。"

◎ **直播课堂**

对待朋友的错误,要开诚布公地劝导他,推心置腹地讲明利害关系,但他坚持不听,也就作罢。如果别人不听,你一再劝告,就会自取其辱。这是交友的一个基本准则。所以清末志士谭嗣同就认为朋友一伦最值得称赞,他甚至主张用朋友一伦改造其他四伦。其实,孔子这里所讲的,是对别人作为主体的一种承认和尊重。

# 以文会友，以友辅仁

◎ **我是主持人**

以互相帮助培养仁德作为结交朋友的目的，这是君子之所为。

◎ **原文**

**曾子曰："君子以文会友，以友辅仁。"**

◎ **译文**

曾子说："君子以文章学问来结交朋友，依靠朋友帮助自己培养仁德。"

◎ **直播课堂**

曾子继承了孔子的思想，主张以文章学问作为结交朋友的手段。在五伦当中，儒家对于朋友这一伦还是比较重视的。

# 第五章
## 志士仁人，一言兴邦

本章中著名的文句有："名不正则言不顺，言不顺则事不成"；"欲速则不达"；"父为子隐，子为父隐"；"居处恭、执事敬、与人忠"；"言必信，行必果"；"君子和而不同，小人同而不和"；"君子泰而不骄，小人骄而不泰"；等等。本章包含的内容比较广泛，其中有关于如何治理国家的政治主张，孔子的教育思想，可以帮助读者更好地提高个人道德修养与完善品格。

# 必也正名乎

## ◎ 我是主持人

当政者应当以身作则，要求百姓做的事情，当政者首先要告诉百姓，使百姓能够搞清楚国家的政策，即孔子所讲的引导百姓。

## ◎ 原文

子路曰："卫君待子为政，子将奚先？"子曰："必也正名乎！"子路曰："有是哉，子之迂也！奚其正？"子曰："野哉，由也！君子于其所不知，盖阙如也。名不正，则言不顺；言不顺，则事不成；事不成，则礼乐不兴；礼乐不兴，则刑罚不中；刑罚不中，则民无所措手足。故君子名之必可言也，言之必可行也。君子于其言，无所苟而已矣。"

## ◎ 注释

卫君：卫出公，名辄，卫灵公之孙。其父蒯聩被卫灵公驱逐出国，卫灵公死后，蒯辄继位。蒯聩要回国争夺君位，遭到蒯辄拒绝。这里，孔子对此事提出了自己的看法。

奚：什么。

正名：即正名分。

迂：迂腐。

阙：同"缺"，存疑的意思。

中：得当。

苟：苟且，马马虎虎。

## ◎ 译文

子路对孔子说："卫国国君要您去治理国家，您打算先从哪些事情做起呢?"孔子说:"首先必须正名分。"子路说:"有这样做的吗?您想得太不合时宜了。这名怎么正呢?"孔子说:"仲由,真粗野啊。君子对于他所不知道的事情,总是采取存疑的态度。名分不正,说起话来就不顺当合理,说话不顺当合理,事情就办不成。事情办不成,礼乐也就不能兴盛。礼乐不能兴盛,刑罚的执行就不会得当。刑罚不得当,百姓就不知怎么办好。所以,君子一定要定下一个名分,必须能够说得明白,说出来一定能够行得通。君子对于自己的言行,是从不马马虎虎对待的。"

◎ 直播课堂

在本则中讲得最重要的问题是"正名"。"正名"是孔子"礼"的思想的组成部分。正名的具体内容就是"君君、臣臣、父父、子子",只有"名正"才可以做到"言顺",接下来的事情就迎刃而解了。

# 不得中行而与之

◎ 我是主持人

"狂"与"狷"是两种对立的品质。一是流于冒进,进取,敢作敢为;一是流于退缩,不敢作为。

◎ 原文

子曰:"不得中行而与之,必也狂狷乎!狂者进取,狷者有所不为也。"

◎ 注释

中行:行为合乎中庸。
狷:拘谨,有所不为。

◎ 译文

孔子说:"我找不到奉行中庸之道的人和他交往,只能与狂者、狷者相交往了。狂者敢作敢为,狷者对有些事是不肯干的。"

◎ 直播课堂

孔子认为,中行就是不偏于狂,也不偏于狷。人的气质、作风、德行都不偏于任何一个方面,对立的双方应互相牵制,互相补充,这样才符合中庸的思想。

# 人而无恒,不可以作巫医

◎ 我是主持人

孔子认为恒心是一个人必须要具备的一个品质。没有恒心的人是会遭到耻辱的。

◎ 原文

子曰:"南人有言曰:'人而无恒,不可以作巫医。'善夫!""不恒其德,或承之羞。"子曰:"不占而已矣。"

◎ 注释

巫医:用卜筮为人治病的人。

不恒其德,或承之羞:此二句引自《易经·恒卦·爻辞》。

占:占卜。

◎ 译文

孔子说:"南方人有句话说:'人如果做事没有恒心,就不能当巫医。'这句话说得真好啊!"易卦上也说:"人不能长久地保存自己的德行,免不了要遭受耻辱。"孔子说："这句话是说，没有恒心的人用不着去占卦了。"

◎ 直播课堂

本则中孔子讲了两层意思：一是人必须有恒心，这样才能成就事业。二是人必须恒久保持德行，否则就可能遭受耻辱。这是他对自己的要求，也是对学生们的告诫。

# 乡人皆好之

◎ 我是主持人

对于一个人能够做出正确评价，其实并不容易。但在这里孔子把握住了一个原则，即不以众人的好恶为依据，而应以善恶为标准。

◎ 原文

**子贡问曰："乡人皆好之，何如？"子曰："未可也。""乡人皆恶之，何如？"子曰："未可也。不如乡人之善者好之，其不善者恶之。"**

◎ 译文

子贡问孔子说："全乡人都喜欢、赞扬他，这个人怎么样？"孔子说："这还不能肯定。"子贡又问孔子说："全乡人都厌恶、憎恨他，这个人怎么样？"孔子说："这也是不能肯定的。最好的人是全乡的好人都喜欢他，全乡的坏人都厌恶他。"

◎ 直播课堂

听取众人的意见是应当的，也是判断一个人优劣的依据之一，但绝不是唯一的依据。孔子的这个思想对于我们今天识别好人与坏人有着重要意义。

# 君子易事而难说也

## ◎ 我是主持人

这一则里，孔子又提出了君子与小人之间的区别。君子平易近人，善解人意，所以容易相处；小人心胸狭窄，为人忌刻，所以不易共事。

## ◎ 原文

子曰："君子易事而难说也。说之不以道，不说也；及其使人也，器之。小人难事而易说也。说之虽不以道，说也；及其使人也，求备焉。"

## ◎ 注释

易事：易于与人相处共事。
难说：难于取得他的欢喜。
器之：量才使用他。

## ◎ 译文

孔子说："为君子办事很容易，但很难取得他的欢喜。不按正道去讨他的喜欢，他是不会喜欢的。但是，当他使用人的时候，总是量才而用人；为小人办事很难，但要取得他的欢喜则是很容易的。不按正道去讨他的喜欢，也会得到他的喜欢，但等到他使用人的时候，却是求全责备。"

## ◎ 直播课堂

作为君子，他并不对人百般挑剔，而且也不轻易表明自己的喜好，但在选用人才的时候，往往能够量才而用，不会吹毛求疵。但小人就不同了，小人心胸狭窄，为人刻薄善妒，所以不易共事。在现实社会中，君子并不多见，而此类小人则屡见不鲜。

# 君子泰而不骄

◎ 我是主持人

本则孔子讲述了君子与小人关系。君子心有大志,可以泰然自若;小人处处骄傲,少了一种气定神闲。

◎ 原文

子曰:"君子泰而不骄,小人骄而不泰。"

◎ 译文

孔子说:"君子安静坦然而不傲慢无礼,小人傲慢无礼却不安静坦然。"

◎ 直播课堂

孔子思想中经常提到君子与小人。对于君子来说,孔子认为要坦然,不能够傲慢无礼。而小人则是傲慢无理,因此不能保持内心的坦然。可见,坦然是一种宝贵的品质。

# 善人教民七年

◎ 我是主持人

本则所讲述的是如何去教化百姓。我们从中可以看出,孔子对于国家的治理有着深入的见解。

◎ 原文

子曰："善人教民七年，亦可以即戎矣。"

◎ 译文

孔子说："善人教练百姓用七年的时候，也就可以叫他们去当兵打仗了。"

◎ 直播课堂

教化百姓，然后让百姓为国家效力。这不仅仅是一种治国的良策，同时，孔子也在暗指那些昏庸的国君，他们愚弄百姓，给国家带来灾难。

# 士而怀居

◎ 我是主持人

在孟子时代，君子已经成为德性概念，而"士"则指的是关心政治而不仅仅是为生计谋者。

◎ 原文

子曰："士而怀居，不足以为士矣。"

◎ 注释

怀居：怀，思念，留恋。居，家居。指留恋家居的安逸生活。

◎ 译文

孔子说："士如果留恋家庭的安逸生活，就不配做士了。"

## ◎ 直播课堂

士必须刚强勇毅，因为他有所担当，肩负着艰巨的使命。士应为国效力，不能仅停留于个人世界，这体现典型的儒家思想。

# 邦有道，危言危行

## ◎ 我是主持人

孔子要求自己的学生，当国家有道时，可以直述其言，但国家无道时，就要注意说话的方式方法。

## ◎ 原文

子曰："邦有道，危言危行；邦无道，危行言孙。"

## ◎ 注释

危：直，正直。
孙：同"逊"。

## ◎ 译文

孔子说："国家有道，要正言正行；国家无道，还要正直，但说话要谦虚谨慎。"

## ◎ 直播课堂

只有注意自己的说话方式，才可以避免祸端。这是一种为政之道。当然，今天这样的做法也不乏其人，特别是在一些为官者那里，更是精于此道。明哲保身，但求无过，这是应当予以批评的。

## 有德者必有言

◎ 我是主持人

这一则解释的是言论与道德、勇敢与仁德之间的关系。

◎ 原文

子曰:"有德者必有言,有言者不必有德。仁者必有勇,勇者不必有仁。"

◎ 译文

孔子说:"有道德的人,一定有言论;有言论的人,不一定有道德。仁人一定勇敢,勇敢的人都不一定有仁德。"

◎ 直播课堂

本则体现了孔子的道德哲学观,他认为勇敢只是仁德的一个方面,二者不能画等号。所以,人除了有勇以外,还要修养其他各种道德,从而成为有德之人。

## 南宫适问于孔子

◎ 我是主持人

孔子是道德主义者,他鄙视武力和权术,崇尚朴素和道德。

◎ 原文

南宫适问于孔子曰:"羿善射,奡荡舟,俱不得其死然。禹稷躬稼而有天下。"夫子不答。南宫适出。子曰:"君子哉若人!尚德哉若人!"

◎ 注释

南宫适:适,同"括",即南容。

羿:传说中夏代有穷国的国君,善于射箭,曾夺夏太康的王位,后被其臣寒浞所杀。

奡:传说中寒浞的儿子,后来为夏少康所杀。

荡舟:用手推船。传说中奡力大,善于水战。

禹稷:禹,夏朝的开国之君,善于治水,注重发展农业。稷,传说是周朝的祖先,又为谷神,教民种植庄稼。

◎ 译文

南宫适问孔子:"羿善于射箭,奡善于水战,最后都不得好死。禹和稷都亲自种植庄稼,却得到了天下。"孔子没有回答,南宫适出去后,孔子说:"这个人真是个君子呀!这个人真尊重道德。"

◎ 直播课堂

南宫适认为禹、稷以德而有天下,羿、奡以力而不得其终。孔子就说他很有道德,是个君子。后代儒家发展了这一思想,提出"恃德者昌,恃力者亡"的主张,要求统治者以德治天下,而不要以武力得天下,否则,最终是没有好下场的。

# 君子而不仁者有矣夫

◎ 我是主持人

本则包含了一个儒门强调的问题,那就是道统、治统、亲统问题。在

族群混杂的时代，无所谓"道统、治统、亲统"问题。但是到了春秋时代，这确实已经成为一个重要问题，并且也成为华夏文化的核心命题。

◎ **原文**

子曰："君子而不仁者有矣夫，未有小人而仁者也。"

◎ **译文**

孔子说："君子中没有仁德的人是有的，而小人中有仁德的人是没有的。"

◎ **直播课堂**

在这一知识观命名的社会，治人者——君子、治于人者——小人，构成了基本的辨识模式，因此"君子当仁"而有不仁者，小人不过是被命名者。《说文》云："众萌也，言萌而无识也。"所以"未有小人而仁者也"，从而与孔子的天命、性命观念相关联。

## 为命，裨谌草创之

◎ **我是主持人**

从本则我们了解到，只有全面做出思考，发挥集体的智慧，那么事情才更容易做得完美。

◎ **原文**

子曰："为命，裨谌草创之，世叔讨论之，行人子羽修饰之，东里子产润色之。"

◎ **注释**

命：指国家的政令。

裨谌：人名，郑国的大夫。
　　世叔：即子太叔，名游吉，郑国的大夫。子产死后，继子产为郑国宰相。
　　行人：官名，掌管朝觐聘问，即外交事务。
　　子羽：郑国大夫公孙挥的字。
　　东里：地名，郑国大夫子产居住的地方。

◎ 译文

　　孔子说："郑国发表的公文，都是由裨谌起草的，世叔提出意见，外交官子羽加以修饰，由子产作最后修改润色。"

◎ 直播课堂

　　孔子在文中讲述了郑国发表公文的过程。从文中我们可以看出，每个人都从中参与，这样郑国的公文就不会出现错误。我们应该学习郑国的这种做法，在工作中，集合每个人的力量，将事情做到完满。

# 或问子产

◎ 我是主持人

　　这里是孔子知人论世之言。孔子三许管仲以"仁"，正是其重视事功处，非为内省自处之人、鄙薄事功之意，也是功利主义评价之滥觞。

◎ 原文

　　或问子产。子曰："惠人也。"问子西。曰："彼哉！彼哉！"问管仲。曰："人也。夺伯氏骈邑三百，饭疏食，没齿无怨言。"

◎ 注释

　　子西：这里的子西指楚国的令尹，名申。
　　人也：即此人也。
　　伯氏：齐国的大夫。
　　骈邑：地名，伯氏的采邑。
　　没齿：死。

◎ 译文

　　有人问子产是个怎样的人。孔子说："是个对民有恩惠的人。"又问子西。孔子说："他呀！他呀！"又问管仲。孔子说："他是个有才干的人，他把伯氏骈邑的三百家夺走，使伯氏终生吃粗茶淡饭，直到老死也没有怨言。"

◎ 直播课堂

　　宋儒忽略此节，专在心性上做文章，削弱了孔子学说的政治维度。荀子称"管仲之为人，力功不力义，力知不力仁，野人也，不可为天子大夫"，管仲野人，恐不是丘之意。所谓"忠臣二主"问题，则是道治之统下的宋代问题，也是另一单需要澄清的方子。

# 贫而无怨难

◎ 我是主持人

　　本则讲述的是贫穷与富贵的关系。从文中我们可以看出，人们往往容易享受富贵，却很难接受贫穷。

◎ 原文

　　子曰："贫而无怨难，富而无骄易。"

◎ 译文

孔子说:"贫穷而能够没有怨恨是很难做到的,富裕而不骄傲是很容易做到的。"

◎ 直播课堂

贫穷和富贵自古就是人们所关注的话题。在本则中孔子一语道出了人们对待贫穷与富贵的态度。

# 子路问成人

◎ 我是主持人

本则谈人格完善的问题。孔子认为,具备完善人格的人,应当富有智慧、克制、勇敢、多才多艺和礼乐修饰。

◎ 原文

子路问成人。子曰:"若臧武仲之知,公绰之不欲,卞庄子之勇,冉求之艺,文之以礼乐,亦可以为成人矣。"曰:"今之成人者何必然?见利思义,见危授命,久要不忘平生之言,亦可以为成人矣。"

◎ 注释

成人:人格完备的完人。

臧武仲:鲁国大夫臧孙纥。

卞庄子:鲁国卞邑大夫。

久要:长久处于穷困中。

◎ 译文

子路问怎样做才是一个完美的人。孔子说:"如果具有臧武仲的智慧,

孟公绰的克制，卞庄子的勇敢，冉求那样多才多艺，再用礼乐加以修饰，也就可以算是一个完人了。"孔子又说："现在的完人何必一定要这样呢？见到财利想到义的要求，遇到危险能献出生命，长久处于穷困还不忘平日的诺言，这样也可以成为一位完美的人。"

## ◎ 直播课堂

孔子还认为，有完善人格的人，应当做到在见利见危和久居贫困的时候，能够思义、授命、不忘平生之言，这样做就符合义。尤其是本则提出"见利思义"的主张，即遇到有利可图的事情，要考虑是否符合义，不义则不为。这句话对后世产生了极大影响。

# 义然后取，人不厌其取

## ◎ 我是主持人

人有一善，必称之。诚如公明贾所言，则公孙文子可谓至矣，所以孔子反倒有所置疑。

## ◎ 原文

子问公叔文子于公明贾曰："信乎？夫子不言，不笑，不取乎？"公明贾对曰："以告者过也。夫子时然后言，人不厌其言；乐然后笑，人不厌其笑；义然后取，人不厌其取。"子曰："其然？岂其然乎？"

## ◎ 注释

公叔文子：卫国大夫公孙拔，卫献公之子。谥号"文"。

公明贾：姓公明，名贾。卫国人。

夫子：文中指公叔文子。

以：此处是"这个"的意思。

◎ 译文

孔子向公明贾问到公叔文子，说："公叔文子不说、不笑、不取钱财，是真的吗？"公明贾回答道："这是告诉你此话的那个人的过错。公叔文子他到该说时才说，因此别人不厌恶他说话；快乐时才笑，因此别人不厌恶他笑；合乎义的财利他才取，因此别人不厌恶他取钱财。"孔子说："原来这样，难道真是这样吗？"

◎ 直播课堂

孔子在这里通过评价公叔文子，进一步阐释"义然后取"的思想。但从结尾两句看，孔子对公叔文子是有所了解，所以存疑。

# 臧武仲以防求为后于鲁

◎ 我是主持人

在孔子看来，臧武仲虽有智慧，却不能顺、恕，实在是可惜。

◎ 原文

子曰："臧武仲以防求为后于鲁，虽曰不要君，吾不信也。"

◎ 译文

孔子说："臧武仲凭借防邑请求鲁君在鲁国替臧氏立后代，虽然有人说他不是要挟君主，但我不相信。"

◎ 直播课堂

臧武仲因得罪孟孙氏逃离鲁国，后来回到防邑，向鲁君请求，以立臧氏之后为卿大夫作为条件，自己离开防邑。孔子认为他以自己的封地为据点，想要挟君主，犯上作乱，犯下了不忠的大罪。所以，他说了上面这段话。此事在《春秋》中有记载。

# 晋文公谲而不正

◎ **我是主持人**

为什么孔子对春秋时代两位著名政治家的评价截然相反呢?他主张"礼乐征伐自天子出",对时人的违礼行为一概加以指责。

◎ **原文**

子曰:"晋文公谲而不正,齐桓公正而不谲。"

◎ **注释**

晋文公:姓姬,名重耳,春秋时期有作为的政治家,著名的霸主之一。公元前636—公元前628年在位。

谲:欺诈,玩弄手段。

齐桓公:姓姜,名小白,春秋时期有作为的政治家,著名的霸主之一。公元前685—公元前643年在位。

◎ **译文**

孔子说:"晋文公诡诈而不正派,齐桓公正派而不诡诈。"

◎ **直播课堂**

晋文公称霸后召见周天子,这对孔子来说是不可接受的,所以他说晋文公诡诈。齐桓公打着"尊王"的旗号称霸,孔子认为他的做法符合于礼的规定。所以,他对晋文公、齐桓公作出上述评价。

# 桓公杀公子纠

◎ **我是主持人**

孔子认为管仲帮助齐桓公召集诸侯会盟，不依靠武力，而是依靠仁德的力量，值得称赞。

◎ **原文**

子路曰："桓公杀公子纠，召忽死之，管仲不死。"曰："未仁乎？"子曰："桓公九合诸侯，不以兵车，管仲之力也。如其仁，如其仁。"

◎ **注释**

公子纠：齐桓公的哥哥。齐桓公与他争位，杀掉了他。

召忽：管仲和召忽都是公子纠的家臣。公子纠被杀后，召忽自杀，管仲归服于齐桓公，并当上了齐国的宰相。

九合诸侯：指齐桓公多次召集诸侯盟会。

不以兵车：即不用武力。

如其仁：这就是他的仁德。

◎ **译文**

子路说："齐桓公杀了公子纠，召忽自杀以殉，但管仲却没有自杀。管仲不能算是仁人吧？"孔子说："桓公多次召集各诸侯国的盟会，不用武力，都是管仲的力量啊。这就是他的仁德，这就是他的仁德。"

◎ **直播课堂**

子路认为，公子纠被杀了，召忽自杀以殉其主，而管仲却没有死，不仅如此，他还归服了其主的政敌，担任了宰相，这样的行为应当属于对其主的不忠。子路的想法，只想到小道义，而忘记了大道义。而孔子所昭明的是天下百姓的大道义，所以，孔子说："如其仁！如其仁！"

# 管仲非仁者与

◎ **我是主持人**

本则和上一则都是评价管仲。孔子也曾在别的章节中说到管仲的不是之处，但总的来说，他肯定了管仲有仁德。

◎ **原文**

子贡曰："管仲非仁者与？桓公杀公子纠，不能死，又相之。"子曰："管仲相桓公，霸诸侯，一匡天下，民到于今受其赐。微管仲，吾其被发左衽矣。岂若匹夫匹妇之为谅也，自经于沟渎而莫之知也。"

◎ **注释**

微：无，没有。

被发左衽：被，同"披"。衽，衣襟。"被发左衽"是当时的夷狄之俗。

谅：遵守信用。这里指小节小信。

自经：上吊自杀。

渎：小沟渠。

◎ **译文**

子贡问："管仲不能算是仁人了吧？桓公杀了公子纠，他不能为公子纠殉死，反而做了齐桓公的宰相。"孔子说："管仲辅佐桓公，称霸诸侯，匡正了天下，老百姓到了今天还享受到他的好处。如果没有管仲，恐怕我们也要披散着头发，沦为衣襟向左开的落后民族了。哪能像普通百姓那样恪守小节，自杀在小山沟里，而谁也不知道呀。"

◎ 直播课堂

孔子认为，像管仲这样有仁德的人，不必像匹夫匹妇那样，斤斤计较他的节操与信用。根本原因在于管仲"尊王攘夷"，反对使用暴力，而且阻止了齐鲁之地被"夷化"的可能。

## 子言卫灵公之无道也

◎ 我是主持人

本则讲述关于道的问题。从文中可以看出，讨论的立脚点已经转化为君王的训导问题。

◎ 原文

子言卫灵公之无道也，康子曰："夫如是，奚而不丧?"孔子曰："仲叔圉治宾客，祝鮀治宗庙，王孙贾治军旅，夫如是，奚其丧?"

◎ 注释

仲叔圉：即孔文子。他与后面提到的祝鮀、王孙贾都是卫国的大夫。

◎ 译文

孔子讲到卫灵公的无道，季康子说："既然如此，为什么他没有败亡呢?"孔子说："因为他有仲叔圉接待宾客，祝鮀管理宗庙祭祀，王孙贾统率军队，像这样，怎么会败亡呢?"

◎ 直播课堂

此则无深意。然从人才之去留、用与不用，全在乎君王一念之间，夫如此，则国之公器已变而为君王之私器，所谓"惟名与器，不可以假人"，因此政治的最大问题就转化为君王的品格问题。

# 陈成子弑简公

◎ **我是主持人**

此是孔子盛服，郑重其事的一场政治演出，非常生动。

◎ **原文**

**陈成子弑简公。**孔子沐浴而朝，告于哀公曰："陈恒弑其君，请讨之。"公曰："告夫三子。"孔子曰："以吾从大夫之后，不敢不告也。君曰'告夫三子'者。"之三子告，不可。孔子曰："以吾从大夫之后，不敢不告也。"

◎ **注释**

陈成子：即陈恒，齐国大夫，又叫田成子。他以大斗借出，小斗收进的方法受到百姓拥护。公元前481年，他杀死齐简公，夺取了政权。

简公：齐简公，姓姜名壬。公元前484—公元前481年在位。

三子：指季孙、孟孙、叔孙三家。

从大夫之后：孔子曾任过大夫之职，但此时已经去官家居，所以说从大夫之后。

之：动词，去，往，到。

◎ **译文**

陈成子杀了齐简公。孔子斋戒沐浴以后，随即上朝去见鲁哀公，报告说："陈恒把他的君主杀了，请你出兵讨伐他。"哀公说："你去报告那三位大夫吧。"孔子退朝后说："因为我曾经做过大夫，所以不敢不来报告，君主却说'你去告诉那三位大夫吧'!"孔子去向那三位大夫报告,但三位大夫不愿派兵讨伐,孔子又说:"因为我曾经做过大夫,所以不敢不来报告呀!"

◎ 直播课堂

　　陈成子杀死齐简公,这在孔子看来真是"不可忍"的事情。尽管他已经退官家居了,但他还是郑重其事地把此事告诉了鲁哀公,当然这违背了"不在其位,不谋其政"的戒律。他的请求遭到哀公的婉拒,所以孔子心里一定是很抱怨,但又无能为力。

# 子路问事君

◎ 我是主持人

　　本则讲述的是与君主相处的问题。从中我们可以看出孔子高尚的品德和对待君主的态度。

◎ 原文

　　**子路问事君。子曰:"勿欺也,而犯之。"**

◎ 译文

　　子路问怎样侍奉君主。孔子说:"不能欺骗他,但可以犯颜直谏。"

◎ 直播课堂

　　侍奉君主,必然会出现各种各样的问题。在文中,孔子认为,一定不可以去欺骗君主,却鼓励去直谏。可见,孔子的正直道德。

# 君子上达，小人下达

◎ **我是主持人**

　　孔子认为，关于君子与小人的问题，有其内在的矛盾：一方面，在传统中理解，君子小人的分辨是以有位、无位为准；而另一方面，在世官制度崩坏的背景下，孔子又大倡"有教无类"，这与"古"之君子就有了不同，不过在孔子的视域中，仍然存在高尚卑下、国野之别。

◎ **原文**

　　子曰："君子上达，小人下达。"

◎ **译文**

　　孔子说："君子向上通达仁义，小人向下通达财利。"

◎ **直播课堂**

　　对于"上达""下达"的解释，在学术界有所不同。另两种观点，一是上达于道，下达于器，即农工商各业；二是上达长进向上，日进乎高明；下达是沉沦向下，日究乎污下。可供读者分析判别。

# 古之学者为己

◎ **我是主持人**

　　孔子一直强调"修身以俟命"，强调人生的正途源于道德修行，要求道德修行来兼善天下。

◎ 原文

子曰："古之学者为己，今之学者为人。"

◎ 译文

孔子说："古代的人学习是为了提高自己，而现在的人学习是为了给别人看。"

◎ 直播课堂

孔子认为，所谓"为己"，并非自私自利，而是为了改造自己、变化气质、坚持信念，绝不为了任何外在的目的而放弃自己的原则。至于"为人"，则是一心想要表现，看社会需要什么，就努力去迎合。

# 蘧伯玉使人于孔子

◎ 我是主持人

从本则中可以看出，孔子对认真研习学问的人非常赞赏。

◎ 原文

蘧伯玉使人于孔子，孔子与之坐而问焉。曰："夫子何为？"对曰："夫子欲寡其过而未能也。"使者出，子曰："使乎！使乎！"

◎ 注释

蘧伯玉：人名，卫国的大夫，名瑗，孔子到卫国时曾住在他的家里。

◎ 译文

　　蘧伯玉派使者去拜访孔子。孔子让使者坐下，然后问道："先生最近在做什么？"使者回答说："先生想要减少自己的错误，但未能做到。"使者走了以后，孔子说："好一位使者啊，好一位使者啊！"

◎ 直播课堂

　　看来，蘧伯玉在修己、躬行方面狠下功夫，正是"学者为己""为仁在己"的境界，使者善对，伯玉善学，深深打动了孔子的襟怀。

# 不在其位，不谋其政

◎ 我是主持人

　　"不在其位，不谋其政"，这是被人们广为流传的一句名言。这是孔子对于学生们今后为官从政的忠告。

◎ 原文

　　子曰："不在其位，不谋其政。"曾子曰："君子思不出其位。"

◎ 译文

　　孔子说："不在那个职位，就不要考虑那个职位上的事情。"曾子说："君子考虑问题，从来不超出自己的职位范围。"

◎ 直播课堂

　　孔子要求为官者各负其责，各司其职，脚踏实地，做好本职分内的事情。"君子思不出位"也同样是这个意思。这是孔子的一贯思想，与"正名分"的主张是完全一致的。

## 君子耻其言而过其行

◎ 我是主持人

这句话极为精练,但含义深刻。孔子希望人们少说多做,而不要只说不做或多说少做。

◎ 原文

子曰:"君子耻其言而过其行。"

◎ 译文

孔子说:"君子认为说得多而做得少是可耻的。"

◎ 直播课堂

在社会生活中,总有一些夸夸其谈的人,他们口若悬河,滔滔不绝,说尽了大话、套话、虚话,但到头来,一件实事未做,给集体和他人造成极大的不良影响。因此,对照孔子所说的这句话,有此类习惯的人,似乎应当有所警戒了。

## 君子道者三,我无能焉

◎ 我是主持人

君子之道三,仁、智、勇三者兼具或者一偏。从孔子的语境看,似乎三者乃是三种不同的人格，但是都是君子之道。

◎ 原文

子曰："君子道者三，我无能焉：仁者不忧，知者不惑，勇者不惧。"子贡曰："夫子自道也。"

◎ 译文

孔子说："君子之道有三个方面，我都未能做到：仁德的人不忧愁，聪明的人不迷惑，勇敢的人不畏惧。"子贡说："这正是老师的自我表述啊！"

◎ 直播课堂

作为君子，孔子认为其必需的品格有许多，这里他强调指出了其中的三个方面：仁、智、勇。在《子罕》篇第九当中，孔子也讲到以上这三个方面。

# 子贡方人

◎ 我是主持人

此则仍是强调敏于行而慎于言，强调言行得宜，过犹不及。自叹不暇者，只是说子贡做错了事情。

◎ 原文

子贡方人。子曰："赐也贤乎哉？夫我则不暇。"

◎ 注释

方人：评论、诽谤别人。

赐也贤乎哉：疑问语气，批评子贡不贤。

◎ 译文

子贡评论别人的短处。孔子说："赐啊，你真的就那么贤良吗？我可没有闲工夫去评论别人。"

◎ 直播课堂

孔子认为，讲话应该讲道理，就事论事，对事不对人，"忠告而善导之"。有修养的人，不会乱发言论，更不会批评别人，当然基于维护正义良知，救人于危难等大是大非的事，则言必有中。

# 不患人之不己知

◎ 我是主持人

孔子一生时刻都在寻求知之者，以发挥其才干。然而却又反复陈述这一番道理，原其由，乃真有天命自任的意思乎！非此之列，则不当如是乎。若"知不知""不足畏"等之反复辨析，实在也是孔子自己的问题。

◎ 原文

子曰："不患人之不己知，患其不能也。"

◎ 译文

孔子说："不忧虑别人不了解自己，只忧虑自己不了解别人。"

◎ 直播课堂

孔子念念不忘的是"不己知"，求之急而无所用，对孔子来说也是个问题。所以，《论语》短短的篇幅当中，即有无数次的言说涉及知不知、扬不扬名、这样见知、人不知……可以看出，孔子心中的块垒所在：立功、立德、立言，步步后退，孔子反复辩说，一是说服自己、开解自己，二是为己自辩！在事功与信念之间，孔子也是十分纠结的！

## 不逆诈，不亿不信

◎ **我是主持人**

孔子认为诈伪、不信，不仅是恶劣的品格，而且是对社会秩序有害的品格，对于处于人伦大网中的人来说，具体情境当中的规范是合作行为的基础，并提升到政治实践的高度。

◎ **原文**

子曰："不逆诈，不亿不信，抑亦先觉者，是贤乎！"

◎ **注释**

逆：迎。预先猜测。
亿：同"臆"，猜测的意思。

◎ **译文**

孔子说："不预先怀疑别人欺诈，也不猜测别人不诚实，然而能事先觉察别人的欺诈和不诚实，这就是贤人了。"

◎ **直播课堂**

俗话说："骗我一次，其错在你；骗我两次，其错在我。"用来阐释此章，真是有意味。在孔子的话语中，忠信孝悌只有在具体的人伦当中才有意义，离开了具体的人伦，就不可能有忠信孝悌。

## 非敢为佞也，疾固也

### ◎ 我是主持人

从《论语》的记载看，重塑礼乐规范、王化天下是孔子的理想，若"不义而富且贵，于我如浮云"，之所以游历诸侯，周游四方，就是要实现自己的理想，而孔子也认为自己有治世之良方。

### ◎ 原文

微生亩谓孔子曰："丘，何为是栖栖者与？无乃为佞乎？"孔子曰："非敢为佞也，疾固也。"

### ◎ 注释

微生亩：鲁国人。
是：如此。
栖栖：忙碌不安、不安定的样子。
疾固：疾，恨。固，固执。

### ◎ 译文

微生亩对孔子说："孔丘，你为什么这样四处奔波游说呢？你不就是要显示自己的口才和花言巧语吗？"孔子说："我不是敢于花言巧语，只是痛恨那些顽固不化的人。"

### ◎ 直播课堂

当然，记载和文献反映的孔子，其形象也许很是高大，也许可以看成乌托邦式人物，也可以视作坚定的理想主义者，其成功与失败实际上都成为了孔子形象的坚实组成部分，或许他的失败以及反复失败而"知其不可为而为之"，反倒成为最为振奋人心的力量。

# 骥不称其力，称其德也

◎ **我是主持人**

骥者，千里马也。喻指人才。孔子衡量人才的标准，是"称其德"而"不称其力"。

◎ **原文**

子曰："骥不称其力，称其德也。"

◎ **注释**

骥：千里马。古代称善跑的马为骥。

◎ **译文**

孔子说："千里马值得称赞的不是它的气力，而是它的品德。"

◎ **直播课堂**

从孔子的角度理解，超越于时代语境的"德""天"是其最高依据。在现世的境况中，孔子是通过他者来定义自我，所谓"君君臣臣、父父子子、夫夫妇妇"，离开了具体的人伦，个人即没有意义，每一个个体的价值只有在具体的人伦当中才能得到体现。

# 公伯寮愬子路于季孙

◎ 我是主持人

纵观宗教的先知、伟大的圣哲，贯通其间的使命问题非常有意思。对于孔子来说，没有完美的治理图示，而只有不同品质的圣王之治。圣王之治有着共同的德行谱系，但没有绝对的标高，只有不断的证成。与柏拉图的绝对"理式"有着显著的语法与语汇的差异。

◎ 原文

公伯寮愬子路于季孙。子服景伯以告，曰："夫子固有惑志于公伯寮，吾力犹能肆诸市朝。"子曰："道之将行也与，命也；道之将废也与，命也。公伯寮其如命何！"

◎ 注释

公伯寮：姓公伯名寮，字子周，孔子的学生，曾任季氏的家臣。
愬：同"诉"，告发，诽谤。
子服景伯：鲁国大夫，姓子服，名伯，景是他的谥号。
肆诸市朝：古时处死罪人后陈尸示众。

◎ 译文

公伯寮向季孙告发子路。子服景伯把这件事告诉孔子，并且说："季孙氏已经被公伯寮迷惑了，我的力量能够把公伯寮杀了，把他陈尸于市。"孔子说："道能够得到推行，是天命决定的；道不能得到推行，也是天命决定的。公伯寮能把天命怎么样呢？"

◎ 直播课堂

在本则里，孔子又一次谈到自己的天命思想。"道"能否推行，在天命而不在人为，即所谓"谋事在人，成事在天"。

## 贤者辟世，其次辟地

◎ 我是主持人

孔子反复强调全身远害的意义，而自己却汲汲于谋求实现其治世理想，实乃是其以天命自任，大有吾曹不出奈苍生何的意思。避与不避，在孔子并不是问题。

◎ 原文

子曰："贤者辟世，其次辟地，其次辟色，其次辟言。"子曰："作者七人矣。"

◎ 注释

辟：同"避"，逃避。

七人：即伯夷、叔齐、虞仲、夷逸、朱张、柳下惠、少连。

◎ 译文

孔子说："贤人逃避动荡的社会而隐居，次一点的逃避到另外一个地方去，再次一点的逃避别人难看的脸色，再次一点的回避别人难听的话。"孔子又说："这样做的已经有七个人了。"

◎ 直播课堂

这一则里讲为人处世的道理。人不能总是处于一帆风顺的环境里，身居逆境，怎样做？这是孔子教授给弟子们的处世之道。

## 下篇 《论语》深度报道

# 第一章
## 坚持心中的道义

　　君子的本质正在于道义，遵从道义赢得别人尊重，丧失道义遭到别人轻视，因为讲道义而光荣，背信弃义而耻辱。道义本身就是用来维系和调整人与人关系的准则。做人必须讲信义、讲诚信，否则不仅得不到别人的尊重，还会受人唾骂。

# 人需要学习

孔子说:"君子有三个方面需要思考。第一,年少的时候不学习,长大了就没有能力做事;第二,年老了如果不把所学的东西教给别人,等死了以后就没有人再想着你了;第三,如果在拥有一些东西的时候不知道给别人一点,一旦到穷困的时候就没有人给你了。因此,君子在年少的时候要想想长大了怎么办,就要学习;衰老了的时候要想想死了以后会怎么样,就要教给别人一些东西;拥有东西的时候要想想穷困的时候怎么办,就要知道把东西给别人一点。"

又说:"君子担心三件事:没有知识,能不担心吗?没有知识却又不去学习,能不担心吗?学习到知识了,却不去落实到行动上,能不担心吗?""不学习,光知道自己去想啊想,就是有知识也不会广博;光知道学习知识,而自己不用这些知识来修养自己,即使学习到知识了也不会被人尊重;不凭借着诚心去到社会上立身,即使偶然能立身也不会长久;诚心没有得到人们相信的时候就喜欢夸夸其谈,即使说得再多也没有人相信。一个资质不错的人,却没有听说过君子之道,只知道怜悯小的东西却因此伤害到更大的东西,那么,灾难必然会降临到他的身上。"

# 仁者乐山

孔子说过:"仁者乐山,智者乐水。"弟子子张希望进一步弄明白,于是问道:"仁者为什么会喜欢山呢?"

孔子指着泰山说："你看，它多么高啊！巍然耸立着。"

子张说："就因为山高，所以就喜欢吗？这与仁有什么关系？"

孔子答道："就在这高高的山上，草木生长着，鸟兽繁殖着，财富和人们所用的东西也由此生产着。"

子张说："每个人不都是也在做事吗？做事也是有益于他人的啊。"

孔子说："为了得到报酬而做事，与从本心出发去做事不一样。高山，生产了财物却并不认为是私有的，四面八方的人们都可以来采用；风云从山中飘出，通达于天地之间，使阴阳协调，成为雨露来滋润万物，使万物获得成功，使百姓得以享用。这才是仁者喜欢山的根本原因。"

# 第二章
## 学会善待人生

善待人生，就是善待生命、关爱生命。人生最大的财富是朋友；人生最大的幸福是健康；人生最大的安慰是亲情。一个人征服世界不算伟大，能够征服自己、超越自己才是世界上最伟大的人。人性有很多的弱点和劣根性。所以要把自己当做自己，就是要勇于改错，勇于忍辱，勇于担当，勇于超越，不断克服自己身上的缺点、弱点，不断使自己的人格得到升华。

## 上古圣人也不过如此

颜回去问孔子时说："我希望自己能做到的是，贫贱时与富贵时一样，不特意表现多么勇敢却有威严，与有志之士交往，终身没有患难。这样可以吗？"

孔子说："你说得非常好啊！贫穷时和富有时一样，便能知足而不受欲望的左右；卑贱时与高贵时一样，就能始终谦让有礼；不有意表现多么勇敢却有威严，就能恭敬待人而对他们没有过失；与有志之士交往，终身没有患难，就能谨慎地选择朋友、选择要说的话。这个志向非常高大！即使是上古时代的圣人，也不过如此啊。"

## 遇到困境也是一种幸运

孔子周游列国期间，在陈、蔡两地之间没有了粮食，弟子们都面有饥色，孔子却在两根柱子中间唱歌。

子路来见孔子，说："夫子现在还唱歌，难道这是礼的要求吗？"

孔子没有回答他，直到一曲结束才说："仲由啊，在这种情况下，君子喜欢音乐是为了使自己没有骄纵之心，小人喜欢音乐是为了使自己不害怕，这个道理有谁知道？你是在不了解我的情况下跟随着我的吗？"

子路听了孔子的说法，仍然想不通，还是不心悦诚服，孔子给他一个盾牌让他跳舞，这样跳了三遍，然后才出去了。

就这样过了七天，孔子仍然不停地修订音乐。子路心中气不平，对孔子说:"现在这种情况下,是先生修订音乐的时候吗?"

孔子还是没有回答他,直到一首乐曲修订完毕才说道:"仲由,当初齐桓公有了争霸之心,是在他出奔到莒地的时候;勾践产生争霸之心,是在吴王夫差把他囚禁在会稽的时候;晋文公重耳产生争霸之心,是在他父亲的爱妃骊氏迫害他的时候。所以说,没有经历忧患与挫折,就不会思考得久远;身体没有受到节制,就不会智慧深广。怎么能说我们现在所遇到的困境不正好是我们的幸运呢?"

于是子路以及众弟子都振奋起了精神,第二天就解除了困境。

子贡牵着缰绳对大家说:"我们跟随夫子遇到这样的磨难和屈辱,大概会终生难忘了吧?"

孔子说:"不,怎么能这么说呢?《左传》之中不是说过'三折肱而成良医'这样的话吗?胳膊断了多次之后,也能成为治疗断胳膊的好医生啊。被困在陈、蔡之间,是我的幸运。你们跟随着我的,都应该算是幸运的人啊。"

子贡问:"请夫子再说一说其中的道理,好吗?"

孔子语重心长地说:"我听人说过,国君不遇到困境难以成为王,壮士不遇到困境难以组织好军队。比如说,当初商汤在吕那个地方遭遇到困境,周文王被商纣王关押在羑里,秦穆公曾经兵败被困在殽山,齐桓公被困在长勺,勾践曾经被困在会稽,晋文公曾经被困于骊氏。困境所含的道理,就好比是从严寒到温暖、从温暖到严寒,经过严寒之后,温暖的春天就会到来,同时,温暖的春天过去之后,炎热的夏天以及萧瑟的秋天、寒冷的冬天就在后面了。这些只有贤德的人能够了解,却难以对众人说清楚啊。"

子贡问:"为什么对众人说不清楚呢?"

孔子说:"《易经》之中说过:'困卦,顺利但要稳定而且符合正道,对于有道德修养和担当大任的人来说是吉祥,没有什么灾难。但是,在此情况下,虽然说出话来,人们却不一定会相信。'圣人之言,比起一般的高瞻远瞩的人,比一般具有远见卓识的人,所见识的更高更远,一般人只看到眼前,对自己没有见到的就不相信,所以,跟众人说了,他们也很可能不相信。"

# 第三章
## 圣人的处世原则

　　我们总是觉得圣人是高不可攀的，或者认为圣人是微不足道的。认为圣人高不可攀，是不知道圣人的行为也只是通过一件件的具体事情而体现出圣人之心，并不是说圣人是一下子就成为圣人的；认为圣人微不足道，是把道德修养很高的人与缺乏道德修养的人等同起来，当我们说"圣人也不足道"的时候，我们也就轻视了自己的道德修养而远离了成为君子、圣人之道。

## 学习圣人很简单

　　孔子来到楚国，有一个卖鱼的人坚持着要把鱼献给孔子，孔子不接受。
　　卖鱼的人说："天气炎热，我到很远的集市上去卖，结果没有卖出去，我想，与其让它腐烂或者丢弃，不如献给君子。"
　　孔子拜了两拜，这才接受了。并让弟子扫一扫台阶，准备祭祀一下。
　　弟子说："人家本来是想丢弃的东西，现在您还要祭祀一番，为什么呢？"
　　孔子说："我听说有这样一个说法，有施与之心而不使有余的财物腐烂的人，就是圣人的行为。现在我接受了圣人的赐予，怎么能不祭祀一下呢？"

## 沽名钓誉之灾

　　有一个叫子西的人，做事总是先看中名誉，甚至可以说是沽名钓誉。孔子对弟子说："谁能够去劝导一下子西，使他不再如此？"
　　弟子子贡说："我能劝他。"
　　于是，子贡就去劝说子西，但是子西仍然一意孤行。
　　孔子说："不受功利所左右，才能胸怀宽广；保持本性而不动摇，才能保持住纯洁的品行。内心不正直，做事也就不能正直；内心正直，做事才能正直。子西恐怕还是难以避免灾祸。"
　　后来，楚国发生内乱，楚国的大夫白公逃到了吴国，后来子西把他召回楚国了。不久之后，子西发动叛乱，结果被杀。

云尘子曰："心中总是有为名为利的念头，便会得名得利而喜；得到之后因为害怕再失去，就会患得患失；想要得到名利却没有得到的时候，怨恨、争斗就会发生，甚至会不择手段地去追求得到，灾祸也就随之而生了。"孟子说："无恒产而有恒心者，惟士为能。"为什么？曾子说："士不可以不弘毅，任重而道远。仁以为己任，不亦重乎？死而后已，不亦远乎？"因此，士的志向在于仁，而不在于名利。孔子说："苟志于仁，无恶也。"

## 自以为了不起的是小人

有一天，子路穿着华丽的衣服来见孔子。

孔子看到之后说："仲由啊，你穿得这么华丽是为了什么呢？在长江水从汶山刚刚流出来的时候，连一个酒杯都无法漂起来；到了长江渡口的时候，两条船要并列航行都很困难，而且不避风都无法渡过。"

子路问："敢问夫子说的是什么意思？"

孔子说："长江是一条源远流长的大河，它的水势一开始并不大，后来因为逐渐地接纳众多的水流，这才成为一条大河的啊！你现在穿的衣服这么华丽，华丽到无以复加的地步，天下人之中还有谁能够再给你增添点什么呢？"

子路以为孔子对他所穿的衣服太华丽而说出这样的话来，所以，急忙小步地跑到外面，换了一身衣服才进来，并且对孔子表现出很恭敬有礼的样子。

孔子看到子路还不是很明白他所说的道理，就接着说："仲由啊，你要记住，说话谨慎的人不会虚夸浮华，行为谨慎的人不会把功劳据为己有，表面上很聪明而自以为了不起的人必然是小人。所以，君子应该是知道就说知道，不知道就说不知道，这是说话的要领；能够做到的事就说能做到，没有能力做到的就说没有能力做到，这是做事的要领。说话的时候能够简明扼要，是智慧的体现；做事不生枝节而简练，是仁德的体现。如果能够既能智慧，又能仁德，还有什么问题可说呢？"

# 第四章
## 上好修养这堂课

　　一个人只有通过自觉地遵守社会道德体系的要求，更好地履行个人的社会义务，并不断地提升个人的人生境界，才能修养成良好的内在素质。任何一个人只有具有良好的个人修养，才会被人们所尊重。当然，个人修养的内容并不是一成不变的，它随着社会的发展及人生实践活动的深入也会变得更加丰富多彩。

## 修饰与境界

孔子得到《周易》之中的贲卦，长叹一声，好像心情很不平静。

弟子子张进来，举手问道："弟子听说贲卦是吉祥的卦，贲卦的意思就是修饰，就像人需要修养一样，这是很重要的、很应该的事，但是，夫子为什么会叹气呢？"

孔子说："贲卦所修饰出来的颜色不是真正的颜色啊，所以我才叹息。"

子张问："难道修饰不重要吗？"

孔子说："我想，事物的本来色彩是最重要的。白色的应当是正白色，黑色的应当是正黑色，贲卦所说的修饰，其本来色彩的正色是什么颜色呢？"

子张说："夫子所说的意思是修养只是把自己的本心显现出来，是吧？"

孔子说："我听说过，丹砂、朱漆都不需要添加另外的文采，白玉不需要另外雕琢，宝珠不需要有意地装饰，为什么呢？本质本来就美好，不需要再另外加上修饰。"

## 圣人在乱世能做什么

孔子来到东周，拜见苌弘。当时的东周虽然是天子所在之地，但是，其地位已经连一个诸侯国也不如了。当时在场的人，除了苌弘之外，还有刘文公。孔子与二人谈完话而离去了。

苌弘对刘文公说:"我看孔仲尼有圣人的相貌。双目如河,额头高耸,是黄帝的形象;手臂很长,背如龟形,身高九尺六寸,这是商汤的体貌。孔子如此,口中说话,都是说先王如何如何,确实做到了身体力行圣人之道,清廉而且谦让,闻见渊博,善于记诵,几乎无所不知,大概是又一个圣人吧?"

刘文公说:"当今天下,周天子衰微,而诸侯国凭借武力相互争战,孔子只是一个布衣百姓,虽然说是圣人,又怎能施展得开呢?"

苌弘说:"尧舜以及周文王和周武王之道,现在已经被人懈怠,有失去的危险,礼乐之道已经崩溃丧失,孔子也只能凭借自己的心志来使历代相传的这个传统纲纪再回归到正道上来而已。"

孔子听说以后,说道:"我怎么敢自比圣人呢?只不过是喜欢礼乐罢了。"

## 君子之论与小人之论

孔子去访问康子,弟子子张和子夏跟随着前往。

孔子入座之后,子张和子夏相互讨论问题,讨论了一天也没有决出个胜负。

子夏说话的时候,言辞激切,语气强硬,表情变化很大。

子张说:"您也曾听说过夫子如何议论吧?夫子说话的时候言辞比较缓慢,态度平和而意志坚定,仪态稳重而含有敬意,在没有弄明白别人的意思之前先沉默静听,心平气和而又谨慎小心地把看法说出来,能够推己及人而且谦让有礼,见解高超而符合礼义,心胸开阔而能以宽恕的态度对待他人,大道就由此言传身教而得以弘扬。"

子张接着说:"修养不够的小人在议论的时候,只从自己的心意来看问题,而且又自以为是,专门挑拣别人的错误,眼睛瞪得大大的,攥紧拳头,几乎要赤膊上阵,言辞急切好像喷发出来的一样,口若悬河好像沸腾的水，因为感情冲动而眼睛变得红红的，偶然在某一方面胜过了对方，便沾沾自喜，哈哈大笑，仪态固执而又鄙陋，言辞和语气都鄙下俗气，因此，君子不提倡这样的方式。"

# 第五章
## 仁义的哲学

君子应该是知道就说知道，不知道就说不知道，这是说话的要领；能够做到的事就说能做到，没有能力做到的就说没有能力做到，这是做事的要领。说话的时候能够简明扼要，是智慧的体现；做事干净利落，是仁德的体现。

# 君子之路

孔子来到齐国，要去谒见齐景公，但是不去拜见晏子。

子贡说："去谒见国君却不去拜见执政的宰相，这样行吗？"

孔子说："我听说晏子侍奉过三代国君，他的仕途却一直都很顺畅，所以，我怀疑他的为人。"

话传到了晏子那里，晏子说："我晏婴是世世代代的齐国人啊。不注意自己的行为，认识不到自己的过失，就不能在世上自立。我听说过这样一句话：如果幸运的话就得到宠爱，如果不幸运的话就被人厌恶，诽谤和赞誉本来就是一样的事，只是不同的人看法不同而已，有声音就必然有回响，这是因为只是看到别人所做的事而只根据这些事来推断别人。我还听说过：用同样的诚心侍奉三代国君，所以才会仕途顺畅；三心二意地侍奉一个国君，是不会顺畅的。现在，没有见到我晏婴的行为，却要责难我仕途顺畅。我晏婴听说，一个君子就会身体独自站立着，而不会对影子感到惭愧，一个君子就会独自就寝，而不会在心灵上感到惭愧。孔子在周游列国的时候曾经有人为了要杀掉他而拔掉大树，在鲁国因为不被信任而只好到卫国去避难，孔子自己不会认为这是一种耻辱；在陈蔡之间受困的时候，几天没有饭吃，不会自己认为这是生活节俭。如果不是自己本人，就不知道究竟是什么动机，这就像生活在湖泊边上的人非难生活在山上拿斧子砍柴的人，就像生活在山上的人非难住在湖泊边上靠渔猎为生的人。一个人把话随便说出来，不知道做事的人有多么困难。一开始，我远远地望到儒者就认为可贵，现在，我远远望到儒者却不能不怀疑他了。"

孔子听到晏子的话之后说："前人说过，在近处说话，无法阻止它会传到远方去。我私下里议论晏子，却没有说中这个人的过错。我孔丘对这个人真的是失言了，我恐怕难辞其咎啊。我听说过，一个君子，如果道德修养超过别人，就把别人当作朋友；如果道德修养赶不上别人，就把别人当作自己的老师。如今我对晏子失言，晏子讥讽我，这样说来，晏子是我的老师啊。"

于是，孔子凭借宰我的话来承认自己的错误，然后孔子去拜见了晏子。

何处不可行教化？

当初，历山的农夫侵占别人田地的事时有发生，舜到历山脚下去耕种，过了一年，此类事情就再也没有发生。黄河边上的渔夫互相争夺水中的高地，舜到那里去打鱼，过了一年，那里的渔夫都知道了尊让年长的人。东夷一带制陶器的人经常制造出一些粗劣的制品，舜到那里去制陶，过了一年，那里所制作的陶器都很坚实了。

孔子赞叹道："耕田、打鱼、制陶，都是舜所管的事，但是，舜到那里去做同样的事，是用来救助这些事情的。舜大概确实是诚信仁德的人，于是亲自前往耕种而自愿生活在艰苦的地方，因而百姓都愿意跟从。所以说，这就是圣人道德的教化呀！"

云尘子曰："君子要感化天下，所需要的是个人的道德修养，这种道德修养说到底，只是一颗真诚之心，用这种真心做人做事，教化也就在其中了。天下没有那么多轰轰烈烈的事，坚守住这颗真心，便是无愧于终生的事。"《中庸》开宗明义地说："天命之谓性，率性之谓道，修道之谓教。"《大学》中说："君子素其位而行，不愿乎其外。"《论语》中说："君子思不出其位。"大概就是这个意思吧。

后世将怎样称道夫子呢？

子贡问孔子说："后世将怎样称道夫子呢？"

孔子说："我有什么可以称道的呢？如果要非说不可，那也只能说我是一个喜欢学习而不知满足、喜欢教化而不知疲倦的人。大概也不过如此吧。"

《吕氏春秋·孟夏纪·尊师》

云尘子曰："所谓谦逊，是不掩饰自己的长处，但又不夸耀自己。"孔子说自己没有什么可称道的，后世把尊孔子为至圣，并非抬高孔子："学而不厌，诲人不倦"，好像谁都会说，但是，会说的不等于是君子，说到而且做到了便是圣人。莫将别人的谦逊认为是无能，莫将别人的彬彬有礼当作善而可欺。

# 仁者无敌

士尹池为了楚国而前往宋国去，宋国的宰相司城子罕请他饮酒。

士尹池发现，司城子罕家南边邻居的墙向外凸出来一块，西边邻居家流出来的水经过他家的院子而流出，于是问道："为什么您不管管他们呢？这样对您家的影响实在是太不好了吧？"

司城子罕说："南边的邻居家是做鞋的，本来我想让他搬家，但是，那家的父亲说：'我一家依赖做鞋养家糊口已经三代人了，假如现在搬家，宋国要买鞋的人就不知道我在哪里，他们没有办法来买我的鞋，我们一家也会因此吃不上饭了，希望您为我们一家的养家糊口问题想一想。'因为这个缘故，我就没有让他们搬家。"

士尹池问："那么，西边那一家呢？"

司城子罕说："他们家的院子所处的地势高，我家的院子所处的地势低，流水从我们家院子里流过去很便利，所以，我也就没有必要去阻止了。"

士尹池回到楚国，楚国正好要发兵去攻打宋国，他就去劝谏楚国的国君说："宋国恐怕是攻打不得的，宋国的国君是贤德之君，宋国的宰相是仁德之臣，贤德的国君必然能得到民心的拥戴，仁德的宰相必然能善于用人，在这样的情况下，楚国去攻打它，恐怕不仅不会成功，而且会被天下人所耻笑啊。"

楚国国君因此放弃了攻打宋国的打算，改而去攻打郑国了。

孔子听说此事之后说："在朝廷之上，君臣能够重视道德修养，因而能够在千里之外战胜敌人，司城子罕大概就属于这样的人吧？"

《吕氏春秋·恃君览·召类》

云尘子曰："一个国家的武力强大，固然有可能防御外来侵略，但是，强大往往是不可能长久保持住的；君臣的仁义，能得到民心的拥戴，那么，国家强大的时候固然可以御敌，当国家一时有困境的时候，也能够御敌。因此，仁义是最重要的，而且君臣的仁义尤其重要。"

# 参考文献

[1] 宋淑萍.中国人的圣书:论语[M].北京:中国友谊出版公司,2013.

[2] 薛茂.《论语》分类新读本[M].上海:复旦大学出版社,2013.

[3] 文若愚.论语全解[M].北京:中国华侨出版社,2013.

[4] 毛佩琦.论语全集[M].王丹,释注.北京:中国纺织出版社,2012.

[5] 文诤,田地.读论语[M].济南:齐鲁书社,2011.

# 后 记

　　《论语》是春秋战国时期产生的一部语录式的文学散文著作。主要记载了孔子和他的部分弟子（学生）的言行。这些论述被称为儒家学说，也叫儒家思想。

　　《论语》这本封建社会士大夫人人皆读的书，我小学没有读过，中学也仅通过课文选编读了那么几则，好就好在老师有介绍，孔子是天地君亲师的"师"，是中国办学搞教育的开山鼻祖，就像木匠这个行当的祖师爷鲁班，地位至高无上。孔子能成其名，除了办教育办得很成功，更重要的是他能著书立说，在春秋战国那个百家争鸣的时代开创了一个思想宗派——儒家。当然，孔子在我们中华大地能够扬名立万、历久不衰，归根结底是靠历朝历代帝王和文人的追捧，其中两个人物起的作用最大，一个是汉武帝刘彻，他采纳董仲舒的建议，"独尊儒术，罢黜百家"，一举奠定了儒学在中国两千多年中涵盖社会方方面面的统治地位；另一个是朱熹，是他在中国人对儒学出现信仰危机的时候，挺身而出，顺应时代潮流，及时拨乱反正，对儒学作了相应的改造，使儒学焕发出新的生机，并且勃勃向前。那个时候，老师还提过，《论语》不是孔子的著作，而是孔子和他学生的对话，是由他的学生记录下来编成的一个集子，相当于课堂笔记吧。但老师着重强调，《论语》是古代读书人必读的四书五经中的第一本，是儒学最主要的经典。在世人看来，《论语》是国学之粹。

　　实现中华民族的伟大复兴，必须实现中华文化的伟大复兴。儒释道文化是古代中华文化的三大主流，以孔子为原初的儒学文化是中华文化的"中流"文化。在国家大力提倡"文化复兴""文化建设"和"文化创造"的新时代，《论语》迎来了"大有作为"的历史契机。

《论语》也是中华民族古往今来的"同一本书",是中国人的"圣经"。本着"一门深入"的教学之道,以《论语》为专一教材,面向全国读者推广和传播"普及论语教育"。有了《论语》,中华民族才能有共同的话题,共同的语言,共同的思维之道和共同的价值观。

　　俗语说,以文会友。如果按原原本本、逐字逐句读《论语》,本人也属第一次,理解和感言不一定准确,错误之处在所难免。其实,本人只是想抛砖引玉,通过自己的理解和感言让《论语》通俗化,从而让更多的人,特别是年轻人来读一读《论语》;同时,希望借此机会找到传统文化知音,与各位相识、相知。如果能看到或听到各位的不同意见,本人将深表谢意。